汤老师的财商教育

汤小明 著

四川人民出版社

再版序言

财商教育在中国已经开展了二十多年,本书出版也有十年了,现在看来,书中主人公带着孩子一起去"赶集①",在家长和孩子共同生活的各种"集"中去感觉、集习的这种教育方式依然是值得肯定的。

本书虽然提供了这样的教育方式,但是千百年来"万般皆下品,唯有读书高"的观念已经刻进了中国人的骨子里,家长们对教育的理解往往以获得被权威人士认同的知识为主,具体体现在名校和各种学历证书上,为了孩子的教育不惜付出沉重代价。我们经常听到家长把"不能让孩

---

①集,古字形似三只鸟聚集在树上,本义指树上聚集了许多鸟,引申泛指会聚、汇合,也指人群集中的集市、集镇。集代表着热闹、多样、充满生机的一种形态,聚集着人、物质、精神、概念、知识等。我们就生活在无数的集中,它是最伟大的缔造者,一切人类文明的起源和最终归属都在那里。

子输在起跑线上"挂在嘴边;看到家长们为高价的学区房、补习班买单;也见证了家长们把微信群、朋友圈变成孩子教育成果的比拼场所。

其实生活就是一间大课堂,自然或人文、城市或乡村、豪华或简朴、科技或文艺、传统或现代,把孩子放到各种"大集"中去,让孩子自己去感受、去自我建构,这才是教育的正路,也是必由之路,因为我们的教育、生活、工作、奋斗等就在这些"集"中。当然,最重要的"集"是家庭,对孩子的成长影响最大的是和他朝夕相处的家人。

家长习惯于向孩子展示一个伪饰过的家庭。由于缺少对集中差异性的认知,一些有活力的生活场景会被遮蔽。我们对古今中外很多成功人士做了案例研究,发现他们的成长环境并不都是优越的,正是千差万别的环境塑造了他们的情感、情绪、品德、专注力、意志力、学习力等。在设法给孩子营造良好的教育环境时,需要让孩子感受到真实的生活,哪怕这种真实会让他们产生适当的痛苦和困惑。

那么，家长担当什么样的角色会对孩子的成长更有帮助呢？这个问题一直存在着争议，我们在这里给大家提供一些参考性建议，这也是本书想表达的。

首先，家长要明白孩子既是环境的产物，也是自我建构的结果。尽管孩子和父母生活在同一个屋檐下，但孩子有孩子的路要走，家长也有家长的路要走。家长们要尊重孩子自我成长的这一权利，不可僭越，一旦僭越会让父母和孩子两败俱伤。

一方面，家长对孩子过多的干预和期望会在某种程度上遮蔽、扭曲孩子自我成长的空间；另一方面，家长把过多的时间、精力、资金、情感倾注在孩子身上时，潜意识里是希望得到回报的，于是在某种程度上父母就开始对孩子进行索取，付出越多索取就越多，索取的阴影会让孩子背负巨大的压力，父母自己也活得很累，其自我建构和生活的空间同时也会被遮蔽、扭曲。

家长常在孩子那儿扮演假设的权威。权威不是从别人那里廉价地拿来的，它应该源于孩子对家长自我建构的认可。家长与其花那么多钱去买学区房、送孩子上辅导班、放弃事业全心陪读，倒不如多花些精力去建构自我，活出自己的精彩，届时这种权威自然就形成了。关照自己也能避免因为从孩子那里得不到回报，而自己又产生一事无成的双重痛苦。

今天，生活中经常出现关于金钱的话题：比如零花钱、压岁钱怎么处理？同学间的消费攀比怎么办？这便是本书主要面对的集习问题，大人、孩子都得面对。本书中也有一些这样的案例，大家可以参考、借鉴。

另外，财商教育让我们也发现了另一个误区：很多家长认为孩子接受财商教育的结果应该是具备赚钱的技能。有些孩子确实会通过买基金、买股票、做定投、摆地摊等方式去赚钱，我们鼓励这些实践活动，但是家长们不应该以挣钱的效果来评估财商教育成果，而是要看孩子能否对生活有观察，有分析，能判断，会取舍，要关注孩子在财商教育过程中自我建构的体验，即遭遇新事物时面对情绪上的波折和知识上的困惑，孩子在做什么。如果家长看重这些，孩子可能会自己调整情绪，查找、补充知识，慢慢建立起独立思考的能力；如果父母关注的只是赚钱的多少，那孩子可能就会养成走捷径的习惯。因此，孩子的财商教育重要的是实践过程，而不是结果。

当下正处于数字时代,很多东西都被数字化、价格化、货币化,孩子们也处在这个大"集"中,所以财商教育是不可或缺的。在家庭中实施财商教育,一方面填补了学校教育的空白,另一方面我们也建议家长在这个过程中建构自我,把追求金钱的欲望变成重要的"知产",因为家长为自己的理想努力奋斗的意志和实践将会对孩子产生巨大的影响,这影响可能会持续一生。

本书观点或有不妥之处,请广大读者多多指正。

序　言

当今社会的运转已经越来越依赖流动性货币了。

如果说文化是生活的一种样法，那么今天我们生活的样法已经深刻且广泛地被金钱影响了。不管你愿意还是不愿意，金钱文化已强势地渗进了我们的日常生活，与金钱打交道的效果的好坏直接影响到了我们的幸福，财商教育由此应运而生。

在我从事财商教育的这些年中，也不可避免地触及了孩子们的财商教育，怎样给孩子理性、明白、智慧的财商教育成了我最大的挑战和追求。

在这个过程中，我对教育问题的感触越来越多，包括父母高期待带给孩子的压力与孩子自我高要求带来的压力，还有考试、成绩、升学、名校、教育制度、出国等问题。

常听身边的人说，今天的教育已被快速变化的市场绑架了，被竞争、被功利、被期望设计了。家长们只有埋头在两条路上，与孩子一起疲惫地往前冲，这两条路就是：应试之路和出国之路。

孩子的教育已成为千家万户的重负。应试和出国这两条路是如此现实，又如此残酷，以至于一批安慰家长的畅销书大受欢迎，但孩子的生活和成长还得孩子自己去闯、去悟。比起赏识教育和安慰教育，我们更需要一种真实的教育，一种给孩子释放成长空间的教育。

虽然有时真实教育会让大人们感到有些"疼痛"，特别是当其挑战了家长们的固有观念时，比如要不要给孩子"钱"的教育？要不要给孩子培养"竞争"的意识？要不要刻意给孩子营造一个没有冲突的、善的环境？要不要倾全家之力给孩子设计好一切？等等。这种真实教育时常会触及家长的神经，如家长的恻隐之心、家长的价值观、家长的面子观等，也包括孩子接受"疼痛"的度。但对度的把握，家长们自然心中有数，因为只有你们自己最了解孩子。你们不了解的可能是这个时代的游戏规则，包括教育和金钱。

我一直倡导的是真实教育和理想教育。今天的社会不仅实现了全球化，还成了一个"经济村"，就连孩子的世界与成人的世界也被拉得愈来愈近了，孩子们小小的年纪也体验到多种生活方式，接触到无数信息，了解到各种选择模式。

我们的教育应该在一种更贴近生活、贴近现实的环境中去建构孩子们好的习惯、好的品格、好的奋斗精神。同时，还要给孩子们理想主义教育，帮助他们寻找人生梦想和追求。

作为一名普通的家长，在教育自己的孩子时，我也遭遇了很多棘手的问题、两难选择的问题、想的与做的不统一的问题，包括每天都要在老师的督促下强迫孩子完成大量的作业、带孩子上各种兴趣班、经常因学习问题与孩子产生争执，等等。

正因有如此的切肤之痛，我才想对当下教育遇到的问题做些思考，包括对这条人人都必须服从的应试教育之路的思考。我们这些忙碌的家长是否能冷静下来，在教育这条路上休息一下，拐个弯，喘口气，松松绑，思考一下是否还有更好的路可走。于是，我虚构了几个人物和他们的故事，将自己的困惑和想法写了下来。

孩子的事，是最大的事。财商教育只是一种探索，相信还有更多更真实、更有益于孩子教育的方法能从我们对孩子的大爱中探索出来。

一切都只是开始，不管你对文中的观点赞成还是批评，只要能从本书的故事和讨论中激发一些自己的想法，我就很欣慰了。

这样的话，对我、对教育都是有益的帮助。

汤小明

引子

湖北当阳,一个叫唐明的人,在玉泉寺附近住了一个星期,同住的还有他的一个朋友和他非常敬重的一位老和尚。

那座寺院曾是关公显灵的地方,也曾是天台宗智者大师的道场,还是长江边的一处风景旅游胜地。

回到北京,读书之余,唐明几乎每天都在面对自己孩子大量的标准答案式的作业,面对堆积如山的模拟试卷,面对孩子与他母亲没完没了的争吵,面对更多孩子家长关于孩子学习成绩的讨论,面对做作业、考试升学这条竞争越来越残酷的道路,也面对求学路上家长们疲惫的身影和更加疲惫的心……

唐明忽然联想到城里大人们与钱打交道的生活,一个工作、挣钱、理财、消费、再挣钱的名利"考试"世界,一个不断重复标准答案程序的"成功升级"世界,一个随波逐流、身不由己的世界,也是一个让很多人忙碌浮躁、心力交瘁的世界。

境风浩浩，心火炎炎。

教育怎么了？财富怎么了？世界怎么了？人生怎么了？困惑纠结的唐明想做点事儿。

王阳明说了，理由事明。

本书就记录了他去年做的一些事儿，以及与小朋友们和大朋友们的部分对话。

关于教育和教育方式，关于金钱（货币）与财富，关于科技、市场和新时代，关于我们在快速变化中的迷与悟……

古人说"变则通，通则达"，但真正的观念突破与思想解放又谈何容易。

明道集义，勿忘勿助。

时代改变了，生活方式也改变了，只要我们的观念也随之改变，一切都会好起来的，包括教育的两难选择、工作挣钱消费再挣钱的机械模式、金钱（货币）财富的无常变化带来的纠结，也包括人生自由与幸福的困惑。

就像唐明的进山与出山、做事与不做事、河里与岸上、环中与环上、洞穴内与洞穴外，只要自己能当家做主就好。

心亮了，世界就亮了。

目 录

第一章	另一堂课	1
第二章	课后作业	23
第三章	家访	55
第四章	一个突如其来的电话	85
第五章	夏令营	127
第六章	江边聚餐	169
第七章	家长会	183
后　记	一场刚开始的讨论	211

另一堂课

北京的一个下午,阳光悄悄地洒进一个长满绿色植物的四合院。院子里,一群孩子围坐在一起,正聚精会神地听着财商教育专家唐老师给他们讲故事。

四十多年前的小镇

唐老师讲道:"四十多年前,在中国的西部有个小镇,这个镇曾经是文成公主去西藏途经的地方,松赞干布在这里把唐朝的公主迎进了西藏。小镇上住着藏族人、汉族人、羌族人,附近还有一座圣洁的雪山,从雪山里流淌出一条河,河水从镇中间流过。河边有个茶馆,小镇的人经常去那里喝茶,他们的生活简单、宁静、贫穷。

"小镇只有一条街道,街上只有几家商铺,卖一些简单的日用百货及油盐酱醋,另外还销售一些山里的野

小镇上住着藏族人、汉族人、羌族人,附近还有一座圣洁的雪山,从雪山里流淌出一条河,河水从镇中间流过。河边有个茶馆,小镇的人经常去那里喝茶,他们的生活简单、宁静、贫穷。

货。这里没有麦当劳，没有电影院，更没有银行和股票交易所，镇上的老百姓除了上下班，就是到河边的茶馆喝喝茶、聊聊天。"

讲到这里，现场的学生对小镇产生了兴趣。一位胖胖的小孩高高地举起手来。

唐老师问："小强，你有什么问题？"

小强大声地说："唐老师，他们那个地方太不好玩了，居然连麦当劳都没有，汉堡也没有。他们那里的小朋友怎么过呀？"

大家都被他逗乐了。

唐老师笑道："他们不但没有汉堡，而且四十多年前的这个小镇连电也没有。晚饭后，孩子们只能在镇里唯一的广场上玩耍，天完全黑下来的时候，就回到家里，早早地上了床。"

小强失望地说："啊，那多没意思啊。"

孩子们七嘴八舌地议论起来，有的小朋友说小镇上的孩子们太可怜了，他们的选择那么少。

孩子们在河边玩耍。

有很多作业吗？考试多吗？

正当大家吵吵闹闹的时候，扎着小辫子的小华站了起来，说："我觉得他们那儿挺好，周围都是美丽的雪山风景，没电，正好不用做作业了，在院坝里玩玩就可以睡觉了，不知道他们考试严不严？"另一个小朋友不同意他的看法，说："光睡觉有什么意思啊！连动画片都看不了。"

三十五年前的李老师

在孩子们的一片吵闹声中，唐老师示意大家先安静，接着讲道："正好我三十五年前去过那个小镇，也在那个茶馆喝过茶。我发现，在当地唯一的茶馆里，人们只有两种可供选择的喝茶方式：一毛钱一杯茶，可以喝一天；或者五毛钱一杯茶，中午还管一个馍，配上一盘瓜子。你们喜欢哪一种？"

小强说："两个我都不要，我要中午能吃烤鸡翅，晚上能吃冰激凌的生活。"

唐老师说:"是啊!我也想要这样的生活。可是那时候就只有这两种选择。在茶馆里,我认识了镇小学的李老师,聊到他们的工作情况。

"李老师说由于条件差,学校安排几个年级的学生在一个教室上课,叫复合班。老师主要给他们讲讲课,没有什么压力。学生们也没有什么压力,没有多少作业做,因为他们前面没有一条明确的教育竞争之路,用今天的话说,就是所谓的'成功'之路。

"李老师那会儿还年轻,一心向往着外面的世界,他读过书,有知识,知道在小镇以外有很精彩的世界,他知道北京、上海等其他地方,那个时候的李老师看上去青春朝气,对外面的世界充满着向往。

"虽然这种安逸宁静的小镇生活没有什么压力,但对李老师来说不刺激,百无聊赖。"

考试改变了李老师的命运

有个叫小文的小朋友问道:"后来李老师离开小镇了?"

唐老师讲:"在小镇工作了两年后,李老师考上了北

镇上李老师的憧憬与梦想。

京某个大学,毕业以后留在了北京工作,尽管他曾一心想改变小镇的贫穷与闭塞。"

小镇变了,李老师变成李总了

"随着岁月的流逝,如今这个小镇变得非常有名,而且成了国家旅游胜地,同时被列入世界文化遗产名录,早已今非昔比。

"三十五年后的今天,一次偶然的机会,我在北京又见到了这位李老师,他已变成一位成功的商人,很有钱。

"我问及他在北京的工作情况,他说自己在金融行业工作,当私募基金经理,掌管着很多钱,但给人的外在印象却显得疲惫。李总谈到家乡时也有些无奈,不知是怀念小镇的宁静和简单呢,还是厌倦了现在的繁华、厌倦了消费中的诸多选择。今天,小镇上很多人都很有钱了,他们通过旅游赚到了钱。"

茶馆热闹了

"李总告诉我,他半年前回去过,再次坐在茶馆里,却看到很多人不再像当年那样从容地、安静地坐在那里晒太阳。现在茶馆里的人都在谈论生意方面的事情，有的坐十几分钟，见个面，说了话就走，大家都很匆忙。街上开了很多商铺，连商贸街都已经有七八条了。

"从三十五年前的小学老师到现在的大公司基金经理，李总亲身体验了中国几十年来发生的巨大变化，特别是经济上的巨大变化。市场经济已经完全侵染了宁静的小镇，改变了小镇的和谐生活；市场经济也改变了小镇的贫穷和落后，改变了那里的衣食住行，包括教育。"

有学生站起来问："唐老师，如今的小镇变富了。这是不是说明那个小镇上的人财商高？他们都富了，是怎样富起来的？唐老师想告诉我们什么呢？"

旁白：分析一下小镇的变化

唐老师讲道："老师和你们一道从这个小镇的变化来试着观察和思考，看看能发现点什么？"

1. 李老师通过读书、考试，离开了那个简单、贫穷的小镇，经过在北京的打拼，变成了富人。李老

茶馆的茶客已经今非昔比了,
当年的悠然荡然无存,如今的匆忙令人感慨。

师的人生发生变化的原因在于他对外面世界的好奇和年轻时的梦想。

2. 小镇的变化和李老师的变化主要因为中国这四十多年发生了巨大变化，大家认识到了一点：发展才是硬道理。我们需要转变观念、解放思想、发展市场经济、引进国外先进技术和管理经验，其中观念、市场非常重要。

3. 改革开放极大地强化了中国人创造财富的动力，市场和财富改变了小镇、小镇上的人和中国其他地方的人，包括北京人。从某个角度说，中国人的财商被大大激活了，以至于我们完全生活在这样的市场环境中。

富了幸福吗？

有学生问："他们都富了，财富带给他们的，是幸福还是不幸福呢？"

唐老师接着说："这个问题问得好，你们如果有机会去那个小镇旅游的话，可以亲眼去看一看他们的今天。小镇与北京不同，有美丽的风景，有多种民族的生活习俗，也有跟北京一样的热闹和繁华。你们可以自己去与当地学校的小朋友交流讨论。

"市场经济的神奇力量让这个地方发生了巨大变化，老百姓有了很多的选择，如更多的商品与更便捷的服务。

"老百姓的生活更方便了，有了越来越多的消费选择，他们幸福吗？大家可以去感受一下，那里的学生比祖辈更了解外面的世界，他们的父母对他们的学习就有了更多的要求，因为他们也要走考试、升学、到大城市工作这条路，但这条路真的能带给他们想要的幸福吗？"

有钱的李总还在挣钱

唐老师继续向同学们介绍李总的生活，并讲出了经济学的第一大原理：在做决策时，人们面临权衡取舍。

唐老师说："在和李总交谈时，我发现李总虽然赚了很多钱，可拿不出时间来做想做的事情，李总人生的兴奋点都在数字涨跌起浮之中，生命也在数字变化中消耗掉了。

"如今的李总苍老疲惫。股票涨时，他像赢钱的赌徒

财富,

给小镇人带来了幸福?

还是不幸福?

一样兴奋；跌时，他的目光呆滞无力。但是，经济发展的滚滚浪潮还在推着人们往前走，中国还有很多地方像小镇一样继续在改变着，继续在变化着，有更多的消费产品供他们去选择，而人却无法选择了。李总有了钱却没有了事业，他已经财富失业了。"

茶馆的选择多了，好还是不好？

"就像李总说的，半年前回到家乡的茶馆时，发现茶馆里已经不仅仅只有两种选择了，而是有了十几种可供选择的消费方式。顾客不仅可以选择十几种茶叶，还可以选择点心，甚至可以在茶馆里点菜吃饭。有了这么多的选择，很多消费者却没有从更多的选择中找到幸福，反而觉得还不如原来的两种选择简单、踏实。在有多种选择的茶馆里，他们还经常陷入各种选择的比较及与服务员的争吵之中。

"选择更多，发展更好，经济增长更快，老百姓更方便了。

"但我们对消费商品的选择有边界吗？理性人考量选

择的边际成本，经济发展有边界吗？消费选择的人反而被商品选择了吗？人成为有限的稀缺资源，换句话说，有强烈欲望的人似乎成了渴望被爱、被消费的有限资源了，经济学又该如何研究这种（欲望）资源的配置管理呢？这是一个复杂的经济学问题。"

学生们不懂了

在很多问题上，学生们也听得似懂非懂。

学生们的问题更多了，关于考试、关于赚钱、关于财富、关于经济学、关于那个小镇的未来变化、关于北京（中国）的变化、关于李总的今天等。

四十多年了，一个人、一个镇、一个国家发生了怎样的变化？在这四十多年，一个人是李老师，一个镇是那个小镇，一个国家是我们中国。唐老师让学生们回家思考一下这些问题，并与自己的爸爸妈妈一起讨论。

旁白：改变命运的路改变了吗？

读书、考试、上大学、改变命运，这是当年的成功模

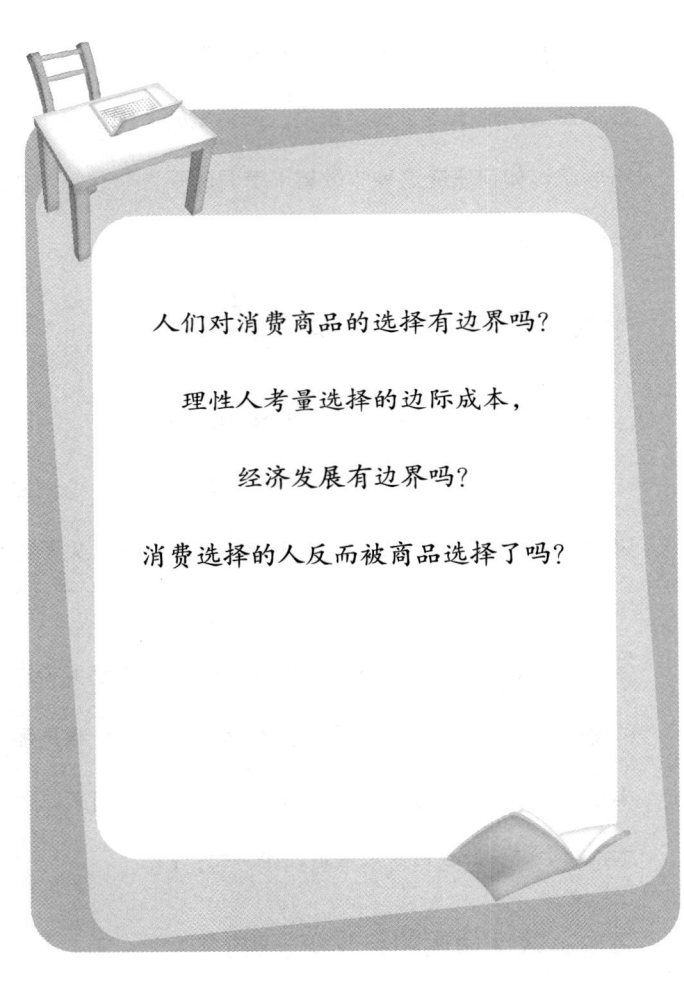

人们对消费商品的选择有边界吗?

理性人考量选择的边际成本,

经济发展有边界吗?

消费选择的人反而被商品选择了吗?

式，现在呢？

中国的经济必须上去，如果每个乡村都有更多的消费选择，经济会更繁荣，货币会更畅通，我们又该怎样去看待今天的金钱与财富呢？怎么去与它打交道呢？怎么去创造与管理呢？

孩子们知道老师是在用经济角度、财富角度教大家观察这个社会及世界，这是唐老师给他们上课的目的。

唐老师在心里思考

小镇的生活被卷入了经济大潮中，被卷入了流动的滚滚红尘中，就跟我们的国家和民族一样，因为我们要发展，发展才是硬道理，发展才能立于不败之地。

三十五年前，小镇上的人相互需要的很多东西都是可以自由交换的，但现在只用金钱交换，因为金钱更方便交易，因为欲望更多，需要互相依存、互惠互利嘛。现在选择的东西多了，多得自己都快没欲望了。

今天，金钱和价格无处不在，与金钱打交道的能力就显得越来越重要了，要以什么样的价值观去看待金钱并引

四十多年了,一个人、一个镇、
一个国家发生了怎样的变化?

导孩子呢?

孩子们喜欢谈钱的话题

既然大人已被卷入金钱游戏之中,孩子们也难免会受影响。小孩子也知道钱的重要性,钱能买很多东西,甚至还能保护自己,满足虚荣和骄傲的心理需求。至于金钱、财富的知识,孩子们知道的很少,家庭和学校也教的很少,几乎是空白。

这也是唐老师的课在今天受孩子们喜欢的原因。他经常以讲故事的方式跟孩子们一起讨论金钱财富和城市的变化、人的变化与人们的幸福。

第二章

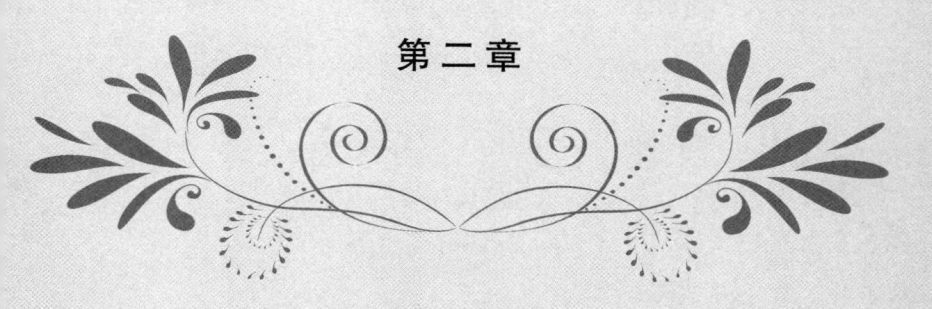

课后作业

小强回到家里，见到了父母。小强的爸爸问小强："周末参加的财商教育课有意思吗？都有什么收获呀？跟爸爸讲讲。"

给老爸汇报学习情况

小强说："收获很多呢。我知道有一个地方很好玩，那个地方周围有雪山，有岷江的天然水，已被列入世界文化遗产名录。老爸夏天带我去吧，听说那个小镇的小朋友都不用做作业，也没有严格的考试，不像你，天天要我做作业。但是，老师讲现在那个地方已经变了，被经济变化、世界变化拖进去了。小镇上有个老师向往北京的生活，通过求学留在了北京。听唐老师说那个老师在北京发财了，但很怀念以前家乡的生活呢。"

小强爸说:"儿子你有进步了,知道经济变化改变了贫穷,带来了消费,也改变了安逸和宁静。"

妈妈急了

小强的妈妈在旁边着急了,拍拍儿子的肩膀,说:"你都学些什么东西呀,尽讲这些没用的东西。老师有说怎么能让成绩更快提高、更好地记单词吗?看来还是不能上财商课,得上英语、数学这些辅导课。"

小强跟妈妈讲:"唐老师说李总后来就是在北京上的大学,毕业后赚了很多钱呢,但他现在财富失业了。"

妈妈说:"你这是哪跟哪的事,你现在就得好好学习,快去看看周末作业做完没有,再做两份卷子,让你爸给你看看。"

小强爸说:"孩子他妈,你不能这样说,我看儿子挺有长进,能自己独立思考问题了,天天强迫他做作业,都快变成考试机器了。刚才那个故事很有意思嘛,我们被四十多年巨大变化卷进去了,身不由己,为什么不能让孩子有点自己的空间呢?"

变成考试机器的孩子与独立思考、
善于探寻世界的孩子,身为家长的
我们想要哪一个?

妈妈说:"要是成绩掉下来,如何参加中考,中考考不好,上不了好高中,就上不了好大学,上不了好大学,以后怎么办,你养活他吗?"

因为考试,父母又吵架了

父母开始争吵起来,小强着急了:"你们吵什么吵,不要吵了,有道理就讲道理,老听你们为我的学习吵架,烦不烦!唐老师说了,我们要学会独立思考,要去发现这个世界,要去发现自己的天赋,找到我们自己想干的事,把我们的工作变成我们的兴趣,变成终身的事业。"

小强问老爸:"上班是不是就为了赚钱,你喜欢你的工作吗?"没等老爸回答,小强接着又告诉了老爸一些课堂上学到的内容。

小强给老爸上财商课

小强说:"唐老师说了,劳动创造财富。如果不是你自己喜欢的劳动形式,这就不是你一辈子想做的事业。一辈子想做的劳动,这就是事业。找到既能挣钱,自己又喜欢的工作才是我的财富,我可不想财富失业。"

小强的爸爸这下开心地笑了:"说得对,我工作就是为了挣工资的,为了养你,一点儿也不快乐。你看你妈还挤对我不好好挣钱,她也辛苦呀。"

小强说:"你们辛苦,所以你们要求我在学习时也这么辛苦。家长应该用发现式教育,让孩子在学习中发现自己的兴趣。你们应该发现我的特长、我的天赋,别尽让我做机械的事情。如果你们培养了我的兴趣,我做作业会更快,效率也会更高,错误也会减少的。但是你们跟学校的老师一样,不鼓励我去发现。唐老师讲了,人只要发现了自己的天赋,就有兴趣做事了。曾经有很多学理科的人后来却能成为文学家,正是因为找到了自己真心想做的事情嘛。"

小强妈妈过来说:"说了半天,儿子,什么是你的兴趣呢?让你去学画画,画了两天不到;让你弹琴,也没兴趣。你说说看,什么是你的兴趣,数学?语文吗?"

找到学习的兴趣

小强说:"我不喜欢被逼着做事,我要自己找到学习的兴趣,像唐老师讲的,我要观察我们生活的这个城市。对了,下个星期天,老爸带我去逛逛北京吧。"

找到财富,找到事业,妈妈笑了

小强爸爸问:"为什么要逛北京?你不天天都在北京吗?"小强说:"这可不一样,唐老师讲了,要从财富角度,要用自己的眼睛看这个城市。老师已经给我们讲了西部那个小镇的变化,我要与北京做比较。我要像唐老师说的那样去逛一逛,看看哪些是财富?是什么样的财富?哪些是大家的财富?哪些是个人的财富?都是怎么创造出来的?我又能为这个城市增加什么样的财富?这可能就是我的理想。我们老师说了,通过这些活生生的形象和案例来发现兴趣、发现爱好,我便会为了这个爱好努力地学习数学、语文,成绩也就上去了,你们难道不高兴吗?所以你们最好陪我去一趟吧。"

这下父母同意了,并且非常高兴,小强妈妈说:"只要成绩好了，怎么样都行。"

小强爸爸也说道："儿子在说事业了，以后肯定有出息，这事儿要支持。"所以一致决定周末逛北京。

星期天到了，北京的秋天，天高气爽，小强高兴地领着爸爸出发了。他们先去了天安门。

开始问为什么了

在前往天安门的地铁上，小强问爸爸："爸，为什么我们能享受这么方便的交通，是谁在安排？开地铁的叔叔阿姨是自愿的吗？有谁在指挥他们？"小强爸爸说："你这个问题问得好，你想知道我们每天喝的牛奶、出行的地铁、报摊上的报纸，还有我们去商场买的衣服、去餐厅吃的饭，以及家里的热水供应，这一切都是谁提供给我们的吗？谁让城市有序地运转？"

小强说："老爸，关于这个问题，你是不是也会像学校老师那样告诉我，因为我们有人民政府，有那么多充满爱心、喜欢劳动的人民，所以我们的生活过得很舒适、很方便。"

北京一日游。与孩子一起,
从财富的角度重新认识北京城。

市场怎么运转？

老爸说："是，可不仅仅是。因为开地铁的叔叔阿姨也要挣钱，他们用劳动赚工资，又用工资去养家人，给自己的孩子买书、买笔、买吃的。其实，我们所得到的其他商品服务也一样，每个人、每家公司都有自己的私欲，他们在满足自己私欲的同时也给社会带来了进步和方便，还带来了更多的选择。所以说，我们每个人都是经济人、理性人，每个人都身处经济行为的过程中，在自己主动参与和被动参与的市场运转中。所以说，我们要学财商，了解市场，了解简单的经济常识，了解与我们行为息息相关的金钱的知识和脾气。"

从财富的角度，重新认识北京

正说着，地铁到了天安门东站。从地铁站出来后，小强对老爸说："我们的语文老师、历史老师及思想品德老师都讲了，我们的祖国非常伟大，有五千年的历史和文化，祖先的劳动给我们创造了今天的生活。我们的城市有我们每个人都是经济人、理性人，每个人都身处经济行为的过程中，在自己主动参与和被动参与的市场运转中。

那么多的自然景观与名胜古迹，还有那么多的高科技产品，那么多的歌剧院、电影院和游乐场所。老师们从多种角度描述了我们生活的城市和国家，要我们热爱她。但我们的唐老师告诉我们，还可以从财富角度和金钱角度来看待这个城市，这就是请你陪我逛北京的原因。比如，我们现在到了天安门，天安门是我们祖国的心脏，是我们北京的标志性建筑，但是如果从财商角度来看天安门，天安门也是我们全体中国人的财富。"

老爸这个时候也打开了思路，说："天安门、故宫，这些古迹是我们的重点文物保护单位，是我们的历史，是我们历史文化的中心，同时它们也是一笔巨大的财富。因为在我们的财富构成中，文化古迹凝聚着我们的信念、尊严与骄傲，能带给人们独特的记忆与体验过程，用经济术语说，这就是我们的文化消费。这种消费是巨大的，有大量的市场需求，是每个公民都需要的。从这个角度来说，这就是巨大财富。我们很多人都在消费它，都在受益于它，这就是它的财富的意义。"

小强似懂非懂，但有一点他清楚了：天安门很重要，它给全国人民带去了精神享受,这种服务于全国人民的文化就是巨大的财富。

小强开始梦想

小强半天没说话,看着爸爸和城楼,一边想着:自己以后能做什么呢?如何才能让别人在自己的创造和劳动中体验到愉悦和幸福呢?

父子俩离开天安门又去了王府井。王府井商业街依旧车水马龙,商品琳琅满目。

小强问:"爸,这个地方的财富如何讲?"好在老爸学过经济学,知道今天要回答儿子的问题充满了挑战,不过他很愿意接受这个挑战。

考考老爸:王府井的财富在哪里

小强爸说:"王府井有点类似于你们唐老师讲的那个小镇上最红火的贸易街道。王府井是北京最繁华的街道之一,是一条我们到处能看出财富价值的街道。每天有这么多人在王府井大街上来来往往,在这里购物、消费,据说现在这儿的地价值连城。你看看,王府井大街上有老字号'瑞蚨祥''亨得利钟表''全聚德',还有'王府井书店''东方广场''北京百货大楼'。全国各地的人来北京都要先逛一逛天安门,再来王府井购物。这就是你们唐老师讲的市场需求,有大量交易和消费的需求。从这个角度看,王府井就是很富有、很热闹的地段,天天创造财富,这就是城市的商业地段。如果你长大了想做房地产,这就是一个判断标准。"

小强对地产不感兴趣

小强说:"我对这些东西不感兴趣,只想买玩具。"

小强爸说:"看来儿子不是搞地产的料,我们换个地方继续逛。"

在王府井乘一号线地铁坐到木樨地站,就到了首都博物馆。博物馆正在举办希腊文化展览,小强爸觉得这是个机会,看看儿子对西方文化有没有兴趣。小强以前多次路过,但还没进去过。

小强对首都博物馆非常有兴趣。这里跟其他地方不太一样，进入大厅后，冲击视觉的是时尚的线条、空旷的空间、流行的设计，还有咖啡厅、环形电影院等服务设施。

时尚的首都博物馆

老爸继续给小强介绍："这是个结合了东西方文化理念的博物馆。儿子你感觉到这个地方的财富了吗？"

结合刚才在王府井的经验，小强马上说："知道了，这里人多，从人气看到了财富。这里还有很多小朋友，大家还在排队，都在干吗？"

"大家排队看希腊雕塑展览，你对雕塑有兴趣吗？"小强爸问道。

小强摇摇头说："不知道，没看过。"

小强爸说："好，我们也去看看。"

买了票，排上了队，到了展览厅以后，小强父子看到了大量的希腊雕塑作品。希腊文化是西方文化的基础，希腊雕塑艺术也是现代艺术的基础之一。

小强爸对小强高谈阔论，因为他对艺术很感兴趣。小强半懂，没太专心听。

小强对这些石头人有了兴趣，问："那些裸体、人头有什么价值？"

石头也是财富

小强爸说："这就是艺术，当这些普通石头有了灵气，被赋予了生命，成了雕塑，就有了价值，就吸引了很多人欣赏。这些雕塑有两千多年的历史了，断臂维纳斯、苏格拉底的头像等一些看似没有生命的石头，在艺术家手里被塑造成了有生命的作品，大家对它产生了关注，它便值很多钱。你不要小看这些石头，有可能一件就值几个亿呢，甚至还远不止，这些都是数字上的价值。

"更重要的是雕塑作品还活着。很多石头是死的，而它是活的，随着时间延长，其价值将继续放大。今天要学一个新概念，就是什么是死去的财富和活着的财富。"

活着的财富

"换句话说，有的财富是死去的和正在死去的，有的财富则活得越来越好。就像石头雕塑等艺术品，它们是古希腊艺术家用热情、用生命创造出来的,即你们唐老师讲的有价值、有意义的劳动。艺术家一辈子从事的劳动给我们留下了伟大的作品,这些艺术财富让我们的生活更有意义。你要学会从生活中发现石头的美,发现它给人们带来的思考和愉悦,这些精神给养就是它巨大的财富,也就是活着的财富。"

小强原本对学画没兴趣,今天听老爸这么一讲,真的想再去画室看看,看看以后自己能不能创造出艺术作品,也能够变成活着的财富,创造出时间越长越能给人带去愉悦和思考的财富。

老爸说了,优秀的艺术家需要做大量的工作,阅读大量的书籍。

还要好好读书

小强有点羞愧,自己平常爱看动画片,却不爱看书,但他下定决心,回去后要让妈妈多买些书,要让自己爱上阅读。

从博物馆出来后,小强觉得肚子饿了,想吃必胜客。

今天要学一个新概念，就是什么是死去的财富和活着的财富。

老爸又开始启发小强了,主题仍是从财富的角度看北京:

"儿子,你知道必胜客是哪儿的吗?"

"美国的。"小强说。

"我们为什么在这儿也能吃到美国的食品呢?"老爸问。

市场里的必胜客

小强说:"财商课还没教到呢。"

老爸给小强讲道:"这就是市场和贸易带来的好处。必胜客是美国公司创造的食品品牌,大人小孩都喜欢。商家抓住机会,扩大市场占有率,发展连锁加盟店。到后来喜欢的人越来越多,所以必胜客遍及世界各地。因为只要你有这个消费的需要,用经济语言说就是有需求了,看不见的手就起作用了。当然,必胜客的食品要越做越好,要符合人们的口味,还要不断创新,吸引住顾客,留住顾客,这就是竞争。

"儿子,每个人的能力都是有限的,市场的供给和需求也是有限的。世界上有多少人口,就有多少事与物的需求,这就需要我们创造更多的供给(包括物品与劳务)给大家。仅靠一个人是不行的，需要多方合作，按照一种约定，共同做事，共同承担责任和享受劳动收益，这种约定起来的组织就叫公司。必胜客就是这样一个公司，一个很多人合作共同生产食物和提供服务的公司。公司员工希望有更多的人消费必胜客，所以就把业务扩展到中国来了。但由于市场的消费需求也是有限的，我们一天只吃三顿饭，每顿都有一个基本量，又有很多餐饮公司提供食品与服务，所以公司与公司、企业与企业就有了竞争。竞争会让消费者得到更好、更便宜的服务，竞争也让企业生存发展的能力有所提高，落后的就要被淘汰。谁都不想自己被淘汰，所以企业之间的竞争有时也很残酷，不努力就会失败。这就是生活，如果你没有很强的本领，以后也会被社会淘汰。

"在竞争中取胜的企业才能赚更多的钱，企业赚了钱，还可以解决社会上的就业问题。看到了吗，那些叔叔阿姨在工作，赚到工资，然后养活家里的人，这也是做好企业带来的好处。"

"哦！"小强领悟了，"好的企业不仅能赚很多钱，给社会带来好的产品和服务，还能解决很多人的工作及生活问题，这是件好事。"小强把这些话都记到心里去了。但小强也感到了巨大的压力，企业之间有竞争，同学之间也有竞争，弱了就会被淘汰，要努力啊。

小强想当企业家，还要学会生存和竞争

小强爸很高兴，看来自己的儿子有当企业家的潜质。伟大的企业不仅可以为他人的生活带来便利，而且还是有竞争力和社会责任的。

父子俩正聊着，比萨已经端上来了，小强狼吞虎咽地吃了很多。小强爸说："也要小心这些快餐食品对人体产生的不良影响。"

小强又开始纳闷了："不是说很好的吗，为什么又不好？"

"任何事情都有好与不好的一面，看一个问题要看到正面与反面。"小强爸一边说，一边伸出一只摊开的手，"你看到的是正面，翻过来后你只能看到背面。一只手虽然有正面与背面，但仍旧只是一只手，是我们自己有局限性。"

一个事物的两面

"同样，任何事情都有两面性，合作与竞争、好与坏、积极与消极等。

"有些比萨店的老板为了改善比萨的口感，往往会增加一些添加剂，但这么做却可能会破坏食品的营养。在市场的驱动下，有的企业为了追求眼前利益会做很多不道德的事情，这样的企业不是财富，更不是活着的财富。这些道理你慢慢去悟吧，今天开个头。我喜欢你进行独立的思考和观察，这对于你的成长和发展是非常重要的。"

小强本想把剩下的比萨吃掉，但忍住了，没有拿。

小强爸说："你别吃了，我来吃。"

小强爸发现了小强内心微妙的变化，小强对做企业有兴趣，但不太懂得社会竞争性和企业规划的长远性，有些道理他能懂，有些不能懂，不过总算是有了开始。

吃完饭后，他们去了动物园，这是小强最喜欢去的地方，因为在这能看到大熊猫。有只大熊猫名字叫晶晶，小强特别喜欢，因为晶晶跟他有点像，憨憨的、胖胖的，经常做思考状。

珍贵的熊猫

到了动物园,爸爸继续问小强:"熊猫为什么珍贵?为什么是国宝、一级保护动物呀?"

小强摇了摇头。

"因为熊猫数量少,稀缺,所以珍贵。科学家们正在研究怎样增加它的数量,现在的方法是通过人工繁殖。看过关于熊猫的电影《功夫熊猫》吗?熊猫已经变成全球人都喜欢的动物了。"小强爸从现实层面解释了熊猫的特性。

"另外,还可以从另外一个角度——财商角度来看熊猫。熊猫是稀缺性的资源,经济学讲的就是如何管理好稀缺性资源,好为大众带来最有效率的服务。熊猫非常珍贵,'珍贵'一词中有'贵'字,是富贵。"

小强马上回想起唐老师的财商课:学会追求财富,有事业的财富,为大众带去对今天及明天都有好处的财富,长远的、持久的财富。

保护好我们的环境

小强班上有个同学也喜欢熊猫,还想研究熊猫,让熊猫变得更多,给更多的人带去快乐,并为社会创造新的财富。那位同学想当一名熊猫专家。

钱(货币)也是一种稀缺资源

在回家的路上,老爸继续给小强讲:"儿子,经济学就是管理好稀缺资源的一门科学。熊猫稀缺你能理解,其他呢?"

小强回答说:"不是太清楚。唐老师课上讲过,人是稀缺资源,甚至人的欲望也是稀缺资源,但怎么管理是对经济学的巨大挑战,这个我不太理解。"

老爸说:"价格是管理稀缺资源最好的手段,这一点你现在还不需要懂,有这个意识就行了,等你长大了,学了更多知识后会明白的。对了,知道你今天花了老爸多少钱吗?三百元呢,很多呢。

"'钱'也是一种稀缺资源,还有货币价格、货币贬值,说的就是这个意思。你妈和很多人经常抱怨这个,说钱不值钱了,物品又涨价了。"

小强接话说:"和妈妈去市场时,经常听老妈说这样的话。"

老爸又说道:"钱是稀缺资源,但也是一种特别的资源,人见人爱,大家都喜欢它。"

小强接话道:"我也喜欢它,用它能买好多东西,我怎么才能获得更多钱呢?"

老爸说:"问得好。这就需要劳动,需要创造性劳动。老爸我,还有大多数人,辛苦上班就是为了挣钱。怎么挣更多的钱,就涉及你们老师讲的财商能力——一种与钱打交道的能力,包括投资、理财。而且我还同意你们唐老师讲的,要用做事业的方式去挣钱。"

小强接话说:"财商很好吧?唐老师说了,我们现在主要是观察,接触'钱'的知识,通过财商训练,培养我们对生活的激情和兴趣,并把相关的基础学科,如语文、数学学好。最主要的是训练自己的思维能力,做好做事业

人是稀缺资源,

甚至人的欲望也是稀缺资源。

的准备。"

老爸接着说:"对,儿子,钱是好东西,但挣钱要有'道'。所谓君子爱财,取之有'道',挣钱要走正道,而有关投资理财的事你现在也很难明白,以后再说。"

我们能自己印钱吗?谁管理它呢?

小强眼睛一转,又问道:"老爸,钱是稀缺资源,那么钱是由谁生产的呢?我们能不能自己印钱呢?"

"问得好。"小强爸非常高兴,儿子的思考能力增强了。

小强爸接着说:"可以创造财富的物品和劳务分为两种,一种是农场、工厂、企业、公司等生产的物品或提供的服务,如粮食、电视机等商品和理发、看电影等服务。商家可以根据市场需求,按一定价格卖给顾客并挣钱。

"另一种就是特殊的物品和劳务,如'钱'(也叫货币)就是一种硬通货。古时候,大家都是物物交易,一只羊换十只鸡。但这太不方便了,随着时代的发展,就出现了'钱'这种中介,方便大家定价、交换、交易和保存财富,这便是货币的由来。

"因为钱这种硬通货人见人爱,谁都想生产和管理它,所以'钱'的发展经历了很多年和很多事,包括很多的'罪恶',这个咱们以后再细谈。总之,生产和管理'钱'就变得非常重要,同时也非常需要智慧和科学进行管理。现在,'钱'由国家管理,我们的人民银行就是管理它的机构,其他任何人生产'钱'都是犯法的。"

小强似懂非懂地说:"'钱'的确是一种特殊的稀缺资源,我要想生产管理它,得进入政府,还得……"

时间也是稀缺资源

说着说着就到家楼下了,老爸说道:"儿子,老爸有点累了,你花了我一天时间,要知道时间也是一种稀缺资源。不过老爸很高兴,用一天的时间成本换来了爸爸的高兴,更是对儿子你未来的一种高价值投资哦。"

回到家后,小强妈问道:"这趟北京之旅,玩得怎么样啊?"

"不错哦!"父子俩异口同声地回答。

"不过老爸说他累了,还说花了他三百元呢。"小强

钱是什么？从哪儿来？
往哪儿去？归谁管？

一边向妈妈说道,一边给老爸倒了一杯水。

老妈说道:"哟,儿子真懂事了,都知道给大人端茶倒水了。你当爹的,就别老说你的三百元了,回头努力工作挣回来,为了儿子,值。"

小强说道:"老妈,我知道老爸挣钱辛苦,我更要努力学习了。"

当妈的乐了。

小强继续说道:"不过,老爸老妈你们努力工作,不应只为了我,也是为你们自己呵。该转变观念了。我学习呢,也不是为你们,是为我自己。自己的事做好了,大家就好了,再说挣钱的过程也是热爱生活的过程嘛。这也是必需的,是唐老师说的。"

父母相视一笑。

第三章

家访

吴先生与唐老师见面

一天,唐老师接到一个人的电话,那人在电话里说:"唐老师你好,我是小强的爸爸,他在你们那上了几次财商课,变化很大。作为家长,我很想找个时间跟你聊聊,想了解一下你们的课程,也想了解孩子的表现。不知什么时候有时间,今天行吗?"

唐老师说:"那就今天晚上吧,咱们在哪儿见面?"

小强发生了变化

晚上八点,两人在咖啡馆见面了,简单寒暄之后,小强爸爸直奔主题:"我们的孩子小强自从接受财商教育以后,发生了很大的变化,这种变化又给我们家里带来了矛盾，主要是与他妈妈的矛盾。他妈妈发现，他学习了财商这种与金钱打交道的知识后，经常问些关于金钱的问题，无论去超市还是去游乐场，都有问不完的问题，他妈妈很担心这会影响他的学习。毕竟他还有考试，一年后就要小升初，如果上不了好中学，可能对他上大学影响很大。你如何看这个问题？"

唐老师讲："很高兴你约我来谈孩子的事情，我也非常高兴财商教育让孩子发生了变化。你刚才提到孩子现在很喜欢谈财富、金钱的话题，这是正常现象，这是孩子接触新东西的兴奋阶段，毕竟我们的教学内容和课堂上讲的区别很大，随着时间推移，就会回到正常状态。作为父亲，你如何看财商教育？"

小强爸爸回答说："我虽然比较认同财商教育，也认同这种教育方式，但还是有些纠结和矛盾。我觉得好的一面是，孩子现在学会了用自己的眼睛去看我们的生活，去看这个世界，并观察和思考。这是个好苗头，也是好的开始，这是值得高兴与欣慰的事情。孩子知道问为什么，因为哲学和科学的进步都源于好奇，这是我肯定的一面。

"另外，他还有很多细节上的变化，比如不再乱花钱，买礼物也有节制了，有了成本的概念，知道比较价格和质量，甚至还知道把钱存在银行里，并知道是借给银行赚钱，通过银行给予需要钱的企业。在银行存钱有收益，放存钱罐里没有收益，还做了零花钱的收支计划等。

"除了这些细节，我们最高兴的是，孩子有了学习的动力，自觉性增强了，能管理好自己了，还会谈到梦想、理想、规划、自我约束、感恩这些词。在谈到自己的理想时，他一会儿想做画家，一会儿想当钢琴家、科学家，一会儿又想做服务于全球的企业家，像比尔·盖茨那样创办科技公司，他的理想和目标在不停地变化，尽管有些稚嫩、脆弱与不稳定，但有了目标就会好好学习语文、数学等基础学科。明白了这个道理后，现在他做作业没有那么费劲了，注意力也更集中了。当然，老师说他特别爱问为什么，对此很无奈，还特意打电话讲过这事，但我认为这是好的一面。"

有了财商意识，小强开始管理自己的零花钱了。

担心孩子只爱钱了

小强爸爸吴先生接着说:"不好的一面是,我担心这么早让孩子接触金钱知识和教育,以后会不会迷恋上金钱游戏,忽略社会其他文明成果和其他更有意义的事物。我们都认为孩子有自己成长的步调,各年龄段学习各年龄段的东西,而且要适可而止。学太多反而会压着他,扭曲了知识选择的问题,令其小小脑袋负荷太重。而且,理财这事,长大后自然而然就会了。生活中的理财无处不在,可以无师自通,这是第一个担心。第二个担心,怕因为迷恋金钱游戏而忽略了基础文化课的学习。

"他妈妈一直反对他学习财商。你们有没有家长会或者家长讲座,可以让他妈妈去听听。"

唐老师笑了,说:"吴先生,我非常理解,现在的家庭大都只有一个孩子,孩子的教育可以说是全家人的重中之重,是核心任务。不仅是父母,还有爷爷奶奶、外公外婆,精力都集中在一个孩子身上。这些问题很好,感谢你对财商的关注,以及你给我们提的意见。"

教育的两难选择

"我也简单谈谈我对教育的认识和看法。我们知道，今天的中国教育问题很多。我有一个很有钱的朋友，为了孩子的教育，不得不将孩子送到了美国，并且全家移民去了美国，而他回来继续炒他的股票，进行他的金钱游戏。孩子享受了国外的教育，但损失也很大，一家人分隔两地。而且，孩子是在上小学的时候就被送出去了，父亲担心孩子的中文会跟不上，特别是有关中国传统文化方面的教育可能会落下。万一中文没学好，对中国文化了解不够，如何回国内发展，又如何与国内人打交道。现在连外国人都掀起了学习中文热潮，如果中国孩子的汉语丢了咋办？

"我认识的一对父母把孩子送到德国，大学读了八年还没毕业。在国外根本找不到工作，回到国内也找不到合适的工作。父母为此操碎了心。虽然在孩子刚送出去那几年，父母还挺虚荣，挺高兴。现在呢，愁。父亲为了孩子的学费拼命挣钱，累坏了身体，还患上了癌症，苦。

"如果不送出去会怎么样？必须督促孩子认真学习，

教育的两难选择，有第三条路吗？

考一个好成绩，上一个好大学，还不知道以后是否能有个好工作。名牌大学毕业也可能失业，这是他纠结的，他很痛苦，他必须选择一条路。父母不怕辛苦，不怕孩子累，怕的是孩子失去学习的兴趣、认识社会的兴趣，导致最后读书考试都是为了家长和老师。

"学校现在又是以升学率排名来给孩子排位，他们把所有精力都用在考试上。对于国家而言，面对教育资源分配不均等问题，只有考试这条路还能比较公平地让孩子通过竞争来获取好的教育资源，但我们是否被这条路绑架了？"

有第三条路吗

"有钱人面对这种情况，要么接受国内这种教育，要么把孩子送出去，难道没有第三条路吗？

"虽然每个家庭都望子成龙，可国家实行公民教育，学校为了自己的生存和利益而进行标准答案式教育。记答案就可以有好成绩，有好成绩就能上好大学。第三条路在哪里？这也是每个家长都面临的问题。"

学校为了自己的

生存和利益

而进行标准答案式教育。

记答案就可以有好成绩，

有好成绩就能上好大学。

第三条路在哪里？

家长恐惧什么呢

唐老师接着又问道:"吴先生,说到考试,让我们来反省一下自己潜意识里想的是什么。为什么父母要不断地让孩子去上各种补习班?父母担心什么呢?"

吴先生回答道:"担心成绩上不去。"

"成绩上去是为了什么呢?"唐老师问道。

"是为了让他能够上一个好的中学,你知道小升初的竞争多么残酷。"吴先生说。

"上重点中学又是为什么呢?"唐老师问。

吴先生回答道:"担心孩子以后扶不起来。孩子上不了好的中学,就只能去一个比较差的中学,而在差中学的环境中,同学都不爱学习,就会把他带坏了。"

"那么吴先生,你认为孩子的自信心是靠什么呢?还有,你认为孩子能上一个重点中学,那上了以后,他的下一步你们又怎样设计呢?"唐老师继续问道。

吴先生回答道:"孩子的自信就靠他有一个好的成绩。还有,上了好的中学就能上好的大学。"

唐老师又问道："吴先生,上了好的大学又是为了什么呢?"

吴先生说道："是为了让他更自信,也为了让他毕业后找到一个好工作。"

唐老师道："那么找一个好工作又是为了什么呢?"

都是为了找一个好工作

吴先生回答道："找一个好工作,以后他就可以安身立命,努力赚钱,生活不愁了。"

"上了好大学,找到一个好工作,他真的就生活不愁了吗?"唐老师问道。

吴先生回答道："至少我们当父母的已经尽力了,把他抚养长大,直到大学毕业并找到工作。"

唐老师又问道："就是说你们完成任务了。难道你不知道你们可能会把孩子推向一个他不喜欢又可能会失业的工作吗?如果这样,生活保障又从哪来呢?到底是工作重要,还是孩子的生存与发展能力重要?还有幸福呢?而且,他自己的能力、天赋可能还会在你们设计的成长路上

家长最担心的是孩子的未来。

给毁掉了。"

家长、学校和社会联合给孩子做了根拐杖

"让我们看看你们的教育逻辑。孩子做作业是为了好成绩，好成绩是为了小升初时能上个好中学，上好中学是为了上好大学，上好大学是为了找好工作，你为什么要这样设计呢？你害怕什么？你担心什么？说到底你在恐惧什么？甚至你们去争抢名校的根本原因是什么？是不自信和恐惧吗？"唐老师反问道。

吴先生默然，似乎承认了唐老师的说法。唐老师继续说道："也就是说，你们之所以这样设计，之所以投入这么多的心血和精力，甚至包括你的父母，几代人的关注和投入，都是因为两个字——害怕，害怕这种生活，害怕这个变化的世界，害怕孩子无法顺利成长。因为害怕，所以你们给他做了这根考试拐杖，认为他拄上拐杖就能好好走路，甚至能跑起来，能带给他自信和快乐。即使孩子偶尔扔掉了拐杖，你们还不高兴。对不起，这话我说得直了点，但这是事实，你们在害怕。因为恐惧和不自信，你们

父母的不自信和恐惧重压在孩子身上，
家长、学校和社会联合给孩子做了根拐杖。

常说不能让孩子输在起跑线上,以致从孩子上幼儿园就开始使用这根拐杖。

"按大人们的思维方式,理所当然地给了孩子一根拐杖,而且让他们随时随地带在身上,认为孩子生活在黑暗之中,到处都是不安全的。你们这样做会让孩子本能地反抗,也会让孩子丧失学习的乐趣和奋斗的勇气。"

拐杖应该给老人,孩子们是日出东方

"说句不好听的,拐杖,我们应该给老人,可以帮助他们走路,确保老人的安全。但对于孩子来说,他们不是夕阳,是早上的太阳,他们是日出东方,朝气蓬勃、生机盎然的。他们来到这个世上是为了让这个世界更有活力,而不是像老人一样需要有根拐杖陪伴自己。他们最需要的是想象力、好奇心、自信心和奔向外界的勇气和精神。在这个时候,你们却束缚住他的思维触角,要他把思维固定在你们的拐杖上,偶尔扔掉了,你们还要发脾气,责备他没上好补习班、没背好单词、没记住标准答案。你们用尽一切手段,想把孩子和拐杖捆在一起。当最后孩子真的被

按大人们的思维方式,

理所当然地给了孩子一根拐杖,

而且让他们随时随地带在身上,

认为孩子生活在黑暗之中,

到处都是不安全的。

你们这样做会让孩子本能地反抗,

也会让孩子丧失学习的乐趣和

奋斗的勇气。

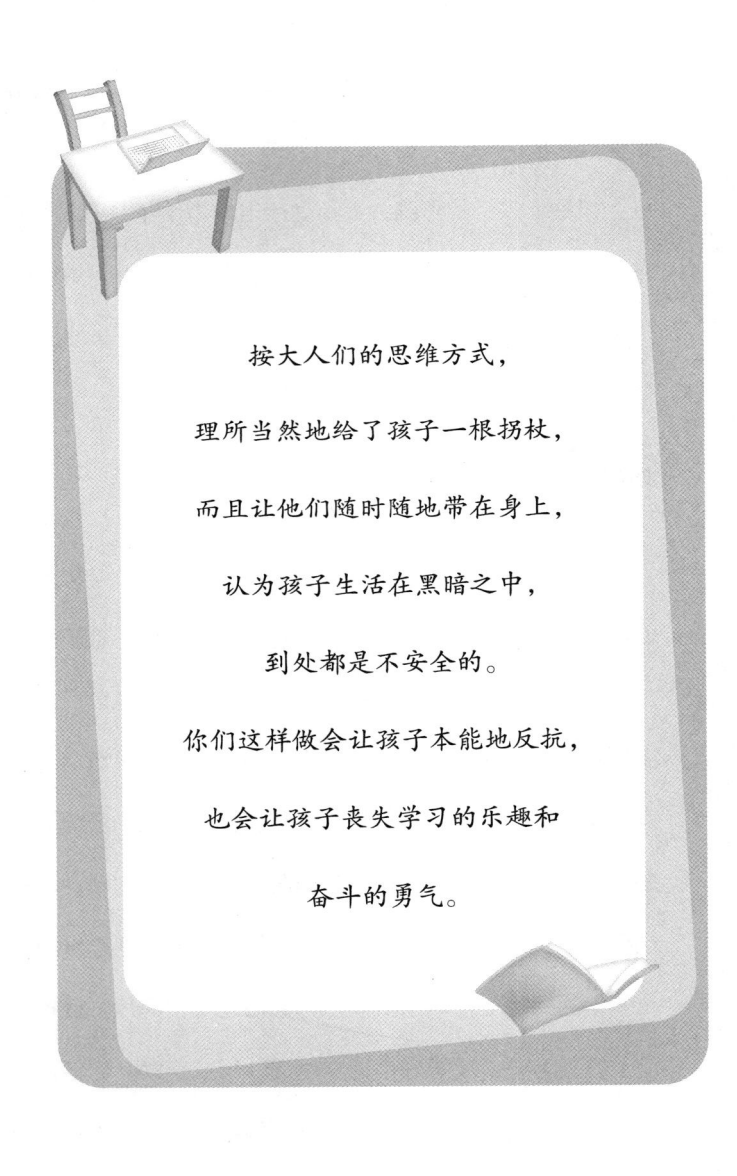

废掉的时候,你们又想逃避责任,说把他送到社会上去就完成任务了。

"在我听说的故事当中,不乏一些从北大等著名高校毕业的学生,由于生活能力和人生观出现了问题,最后有自杀的,有进精神病院的。"

拐杖思维改变了孩子的命运

"那是为什么呢?因为他们已经习惯了你们给的拐杖,当你们自认为可以抽掉拐杖的时候,他们已经不适应了。他们有太多年少时就该交的学费没交,连错误都还没来得及犯,属于自己的时光就没有了。他们靠你们的拐杖陪伴着长大,逐渐成了听话的、顺从的、考高分的孩子。"

摔跤是孩子必须经历的过程

"所以说,如果像对待老人那样对待孩子,那我们就搞颠倒了。人老了,体能下降了,才需要拐杖。而孩子需要奔跑,他们是阳气上升、直与天地同流的,只需大人们给他们一个奔跑的方向、给他们成长的空间及跌倒后的鼓励!

"爱护孩子,关心孩子,就应该相信他们自己会走路,而且会走得很好。哪怕摔跟头也是他必须经历的过程。

"如果到老的时候再摔跟头,那时摔下去,你们不但会痛心疾首,代价可能还会很大。所以我们当教师、当家长的,更应该多去发现孩子的天赋,发现孩子的快乐。在孩子的天赋和快乐当中,找到属于他自己的生活方式,走出他自己的一片天地。"

生活本来就是这样

吴先生有些激动地回答道:"你是站着说话不腰疼,你有孩子吗?你体验过吗?你别说得那么理想,回到现实我们都得这样,我们都得给孩子拐杖,我们自己不也拄着赚钱的拐杖吗?生活就是这样。"

唐老师回答道:"问得好,我也有孩子,教育的问题也令我非常纠结。"

那些把孩子辅导成考试机器的补习公司是造"孽"啊

唐老师说:"有一天,我带着孩子去郊外,看到满天

摔过跤的孩子才懂得自己爬起来，
才能更健康地成长。

的星星,以此想到了拐杖的比喻。城里看不到星星是因为城里有太多灯光,让我们眼花缭乱,过多的灯光让我们看不到天上的星星。到了郊区,没有了灯光,我们就能看到天上的星星了。

"有时,只有当我们敢于抛弃、突破一些东西的时候,才能发现另外一个世界的秘密,一个真实的世界。各种考试与补习就像城市里的灯火一样,遍地都是,把大人们的视线全卷进他们的利益之中,并挡住我们看到'天上的星星',看到孩子本来的力量。所以,我们只有突破自己的一些观点和障碍,才能看见'繁星',看到孩子真正的自信和幸福在哪里。

"曾经,我也与你一样,希望按老观念去给孩子设计一根拐杖。但他不快乐,这让我反省了很久。的确,这一切可能是因为时代变化太快了,我们只有观念转变了,悟了,我们的良苦用心才能真正帮到孩子。"

吴先生停顿了一下,说:"也许我们的观念该转变了,那继续说说你的财商教育吧。"

孩子生活在未来

唐老师继续说："有一点个人想法想和吴先生你分享一下。我认为，孩子生活在他们的未来，不是生活在今天。未来五年乃至十年到底会怎么样，我们并不清楚，社会变化也许会很大。说一千道一万，孩子的幸福是父母给他的最大财富。要让孩子自己去观察、思考，并找到获得幸福的方式，这也是家长最大的希望。

"我们撇开两难的选择，孩子怎样才能获得幸福？他要有好的性格、好的习惯、坚韧的毅力、对生活乐观的态度，这些才是对孩子终身有效的保障。基于此，我们探讨财商教育的形式。既然孩子自己讲到了对金钱感兴趣，我们又离不开金钱，那我们就应该正确有效地引导孩子，培养他们发现这个世界、发现自己的天赋。这种教育方式是非标准答案式的教育，不要记答案，没有统一的、固定的答案。给孩子普及金融常识，让他们学会自己买东西、消费，管好自己的零花钱、压岁钱，管理好自己的简单生活，培养竞争意识，热爱生活，并为此努力地学习语文、

孩子的世界被考试和作业包围，
让我们看不到他们的星光。

所以，

我们只有突破自己的一些观点和障碍，

才能看见"繁星"，

看到孩子真正的自信和幸福在哪里。

数学等基础课程，找到自己的理想目标。

"当然，我们在教育方式方法上还要不断地创新和完善。毕竟财商教育是新生事物，这个年龄段的孩子应该学习多少知识、学习什么知识，是我们要摸索的。不能过犹不及，太多不好，太少不够。

"重要的是孩子的思维方式、生活能力、自我管理能力，只要在这些方面有了改善，我们就应感到欣慰了。"

一种非标准答案式的教育

吴先生沉吟了一会儿，说："听唐老师这么一讲，我对财商又有了新认识。我想知道，能否将非标准答案式的财商教育扩展到基础学科教育方面呢，如数学、英语、地理、语文。倒不是希望孩子学到更多的知识，而是你们的这种方式增加了孩子对这方面的兴趣，并且提高了他们学习的动力。"

好奇心的培养

唐老师点了点头，说："你刚才讲到了重要的一点，即孩子的兴趣和好奇心。我们知道，社会的进步和文明的发展都是源于好奇心。正是因为我们有了对社会的观察和思考，才有了今天的哲学、科学、艺术等思维方式。仅有一大堆的知识积累是无法让社会进步的。

"保持孩子的好奇心就是学习的最大动力。

"这也是孩子的人生能否成功、能否给家长长脸的唯一途径。你刚才还讲到，财商教育会不会让学生更加掉进钱眼里，因为家长都知道孩子爱钱。但我要告诉你的是，基于各种考虑，我们的财商教育不仅仅是金融常识的学习和金融基本技能的掌握，更主要的是拓宽他们独立思考、独立观察的视野，这才是我们的根本目的。"

旁白：寻找教育的第三条路

第一条路，应试之路，这是一条令家长和孩子都身心疲惫的路。因为家长的观念难以转变，这条路也是大部分人正在走的路。

第二条路，出国之路，这是一条逃避之路，充满了更大的风险与不确定性，是一条不负责任的路。

培养孩子的好奇心。

保持孩子的好奇心，

这才是学习的最大动力。

童年时光短暂,一条负责任的教育之路应该是什么样的呢?

吴先生说道:"非常感谢唐老师百忙之中抽时间见面,希望你们的财商教育越办越好,也希望以后有机会能够让我爱人也多了解一下财商教育。以后我们还会继续提意见和要求,请唐老师理解。"

唐老师说道:"谢谢吴先生,我们会继续努力。财商教育不仅是我们的教育,也是社会教育和家庭教育。让孩子做一些家务劳动,多进行一些关于金钱话题的讨论,没必要刻意避讳与孩子谈钱,该让他们知道的还得知道,正确引导他们,这样才能让孩子更正常、健康地成长。人在成长过程中要消化好的信息、处理坏的信息,这是孩子必须具备的基本能力。"

第四章

一个突如其来的电话

李总请唐老师喝茶

一天,李总给唐老师打电话:"好久不见你了,今天想找你聊聊,请问有空吗?"

唐老师回答说:"可以,咱们就约晚上见吧。"

晚上,李总的一个私人会所,布置得相当讲究的房间,宽大的欧式沙发,李总和唐老师坐在沙发上开始了他们的对话。李总面前摆着一碗方便面,他还没有吃晚饭,屋子里放着海顿的交响乐。

唐老师问:"你还没有吃饭吗?"

李总回答:"还没,不想吃饭了,没什么胃口,你喝什么茶?我这有很多种茶,绿茶、红茶、乌龙茶,或者是咖啡?"

在美妙的音乐声中,
李总和唐老师正在畅聊。

唐老师说:"都可以,就来杯绿茶吧。"

李总喝白水,吃方便面

李总给唐老师沏完茶以后,打开方便面,一边吃一边说:"咱们随便聊聊吧。我现在没什么胃口,吃点方便面,这也算是保留多年的习惯。"吃完面以后,李总给自己倒了杯白开水。

唐老师说:"我们多少年没见了?有三十多年了吧,没想到你今天这么发达了。"

李总自嘲道:"什么发达,现在就剩下钱了。三十多年前,咱们在镇上茶馆里聊天,那时候我羡慕你从大城市来,我也梦想着到北京或上海这样的大城市发展,闯出自己的天下。三十多年过去了,现在钱也赚到了,好像心也老了。以前一直想做一些自己喜欢的事情,既满足兴趣又能赚钱。"

没钱寸步难行

李总接着说:"后来才发现,没钱做不了自己想做的事。特别是在北京,有钱能使鬼推磨,没钱寸步难行。于是,我离开了教书的大学,下海赚钱,后来还炒上了股票,每天跟数字打交道。当我的股票上下起伏的时候,我在其中博弈,那时候感觉还是很刺激的。在这么一个金钱不眠的世界里,我也算是成功了吧,但心里并不踏实,对生活已没有什么强烈的感觉了。

"你怎么想到教孩子学习财商教育呢?什么是财商?"

一个金钱不眠的世界

唐老师说:"财商是指一个人与金钱打交道的能力。就像你刚才所说,这是一个金钱不眠的世界,到处都是金融产品,到处都是货币金钱的衍生物,到处都是想赚钱的人,身处这个社会,就必须与金钱打交道。财商教育是为了训练孩子们适应这个金钱的世界,让他们树立正确的世界观和金钱观,掌握基本的金融常识,做出符合他们年龄段的经济行为,还有……"

没时间学财商

李总打断道:"我劝你别搞这个财商教育了。理财这个事,有那么多专业金融机构在做。

"再说了,并不是每个人都想成为有钱人。等孩子长大了,自然而然就会理财了,你我小时候也没学过财商,现在不是也赚钱了吗?孩子们呢,现在都忙着做作业、应付各种考试,哪有时间学你那个财商教育。"

唐老师回答道:"作为一个家长、一个曾经的老师,看着自己的孩子为考试如此辛苦真的很心疼,早上六点就起床,晚上还要学习到九点,周末则是各种兴趣班。

"家长就更忙碌,每天要工作挣钱,要回应学校老师的意见,要帮孩子分析试卷、检查作业,还要不厌其烦地教育孩子,有时还免不了发生争吵……"

不能输在起跑线上

"这一切的一切都只为一个目的,让孩子取得好成绩,不输在起跑线上。有知识的家长还担心孩子会因此失去学习和生活的兴趣，不敢压得太死。但是，如果不这么做，又怕孩子成绩差了，在班上受气，没了自信心。艰难的选择和平衡令一家人战战兢兢。"

"的确，还曾听说有孩子因考试成绩与家长争吵而自杀的，痛心呵。"李总说道，"所以我只好把孩子送到国外去了。"

"你那是逃避，"唐老师回应道，"当然，你有钱，可以给孩子这样的教育。可还有一些家长并不富有，为了逃避应试教育这条路，宁愿借钱，甚至倾家荡产送孩子出国，结果反而更惨，有些出国的孩子非但学习没弄好，身心还弄坏了。"

总得做点什么

"我们都当过老师，应该要做点什么，这可是自己的孩子。"

"看来你还是不安分。那你怎么想到做财商教育呢？有人说这一切的残酷竞争都是因为'钱'，因为大家都被所谓的'富有''成功'绑架了，这样一来你不是更造孽了吗?"李总又反驳道。

"说得好,正因为'钱'无处不在地影响着我们的生活,所以才要更了解财商。中国的快速变化就体现在'有钱了',中国冒出的太多问题也是源于对'钱'的功利追求。"一向淡定从容的唐老师有点激动地说道。

解铃还须系铃人

唐老师继续说:"俗话说'解铃还须系铃人',既然这是一个金钱不眠的市场,还有很多不公平的竞争,那我们就更要用人人都离不开而且潜意识又渴望拥有的金钱作为媒介和手段来教育自己、教育孩子,解开金钱财务的结,这就是财商教育——一个培养适合自己的、健康的金钱世界观,一个学习基本金钱知识、技能和思维能力的综合教育体系,并让自己成为一名理性、智慧的经济人。由此,我们得以通过观察和探究走出一条自己当家做主的路来,而不是随波逐流、人云亦云。

"时代变了,互联网、现代通信、全球化市场等已把我们的生活方式彻底改变了,科技还将加速这种改变。我

被"富有"和"成功"绑架了的孩子。

大家都被

这个所谓的

"富有""成功"绑架了。

在迅速变化的时代,

人们的困惑也愈发地多了。

们做事也好，追求财富也好，各种条件和环境都发生了变化，但我们的很多观念还没跟上这个变化，这也是现代人困惑的根本原因之一。

"如果我们意识到这一点，早做准备，我们在创业和创富上是不是能少走些弯路、少犯些错误呢。"

赚钱的方式变了，不要被设计了

"所以，我们要积极地面对金钱，面对今天这个世界，了解金钱的新性格、新脾气、新语言，让自己能更好地与它打交道，让它为自己的人生服务。记住，你既不是金钱的主人，也不是它的奴隶，你们互为客尘，互为伴侣。

"现在，金钱与创富的规则已发生了巨大变化，不像你当初创富时那么简单了。金融全球化已告诉我们，不学自通的时代过去了，有准备的人才能成为自己的主人，才能拥有自己的财富，带给自己幸福。不要自以为聪明，却稀里糊涂地被设计了。"

李总问道："教人赚钱很不容易呵，别骗人了。你还是喜欢为人师表，喜欢讲大道理，不过你说得倒还有些道这就是财商教育——

一个培养适合自己的、

健康的金钱世界观,

一个学习基本金钱知识、

技能和思维能力的

综合教育体系。

金钱的力量有多大?

理。你是怎么下决心来做这个事的呢?"

唐老师想了很久

唐老师想了很久,回答道:"我已经在这个问题上被质疑过多次了。其实我并不是太有钱,也或成功或失败地与钱打了多年交道,知道赚钱的本领是学不到、模仿不来的,要靠自己去悟、去闯。但有意识地悟和思考却可以帮助我们更好地生活,完善自己的人生,与钱打交道的过程就是一种生命过程。

"也许是因为当过老师,又好面子,有时在潜意识里喜欢教育别人吧。只要心中谦卑并真诚就无愧了。

"我也是想了很长一段时间之后,才决定做财商教育的。在这么一个为钱而活的世界里,大家都活得很累,似乎都被绑架了,不能自己做主,更谈不上自由自在。

"由此联想到了孩子们的考试,他们似乎也被应试教育绑架了。我认为,成人赚钱之路和孩子们的成功之路都需要某种转变,于是就有了这个财商教育的尝试。

"说来也怪,跟你认识也是有缘。几年前,我去咱们初次见面的小镇旅游,还去了原来的茶馆喝茶。当时我就在犹豫财商教育的事情,喝完茶出来以后,去了附近的寺庙,碰到一个当家的老和尚,跟老和尚聊了几句。"

遇到老师父

"老和尚看出了我的纠结与不安,就问道:'施主有什么烦心事吗?'

"我和他聊起了金钱和财富带给世界的进步、带给现代人的困惑和纠结,同时也谈到很多孩子在与金钱打交道的过程中缺乏这方面的知识,因此犯了错误。学校忽视了这方面的教育,父母也不知道如何引导孩子们。换句话说,生活在这个金钱的世界里,我们却缺乏对金钱知识的了解,包括金钱的性格和脾气、个性和力量,所以经常受伤。

"当我们去一些学校开展财商教育讲座时,我发现大部分孩子对金钱知识很感兴趣,知道钱很有用,父母经常争吵的原因也是因为金钱和财务。所以,对孩子感兴趣的话题避而不谈是不对的。但如果谈,金钱知识会把他们变得像大人那样为钱盲目工作、身不由己、随波逐流吗?所以我当时很矛盾,想请师父给我指点迷津。"

年轻人,想得太多了

"那个师父笑了笑,说:'年轻人,你想得太多了,你把事情想得太沉重了。一句话,孩子们喜欢谈论金钱话题,你就主动告诉他们,让他们知道这方面的知识,正确客观地认识金钱,这不是什么不好的事情。这个世界上各种变化都是很正常的。别说孩子们,连寺院也要与金钱打交道——有很多账务上的问题需要去处理。我一会儿还要去另外一个地方给他们讲法、开示,你要有兴趣可以去听一听。'

"所以我就跟着老和尚去了开示的大厅,看见大家都席地而坐。

"那个师父在台上讲道:'刚才在我来这里的路上,有人问我要不要给孩子提供金钱教育。我认为,既然世界上到处都是金钱,既然金钱成了我们生活的一部分,也方便了我们的生活,那么,我们每个人就都要与钱打交道,这也是我们认识自己、觉悟自己、认识佛法的途径，是我们生活的一个基本形态。佛法讲相由心生，我们身处一个被金钱包围的世界中，这说明我们的心里有很多这种念头，有很多这种想法和欲望。今天的金钱和财富关联到我们的生活和发展，这与过去有很大的不同。金钱即货币，也是让我们生活舒适的方便之门。差别源于我们的观念，境由心造。不过还有一些想法，希望与在座的朋友交流分享。

"'梁漱溟曾经说过：文化就是生活的样法。不管你认同与否，今天我们生活的样法已经深深地打上了金钱的烙印。金钱文化已在今天快速发展并且繁荣起来了。一方面，它让我们的生活更迷茫、更浮躁，甚至颠倒了生活的本末，带来执着与痛苦；另一方面，金钱又促进了商品的交换和财富的增加。

"'在今天的财富构成中，有很多是由劳务创造和商品消费带来的。我们现在的市场比原来发达了，交易和交换的范围更广阔了，这种交易和交换不管是现实中的还是观念上的、精神上的，都给我们的社会带来了财富。从这个角度来说，我们的佛法、我们的文化得到那么多人的认

传道、授业、解惑的老师父。

我们每个人都要与钱打交道,

这也是我们认识自己、

觉悟自己、

认识佛法的途径,

是我们生活的一个基本形态。

同,为那么多人带去内心的安宁,降服他们心灵的烦躁,所以弘扬佛法、行法布施也是在给这个社会创造财富。'

"师父停顿了一下,接着说:'目前我们的科技,或者说我们的金融还不能把这些转换成银行里的财富数字。'"

化解金钱的执着

"'也许到了某一天,当这种财富、这种认同、这种理念转为数字的时候,世人对财富的追求,特别是对金钱的盲目追求,就不会像今天这么偏执、这么狂热、这么浮躁了。这次全球金融危机,货币的上下起伏还没让人认识到数字货币与财富的本质区别吗?还在为金钱数字纠结不已吗?

"'就像佛法所说:一切有为法,如梦幻泡影,如露亦如电,应作如是观。所以说,在今天、在我们进行财商金钱教育时,我们这些创造财富的人应该有这样的观念和想法:把更多能给大众带来方便、幸福和快乐的知识传播开来，这本身就是在创造财富。'"

真正的财富——仁者：天地也

"'另外一方面，既然要做服务于大众的财富事业，用市场人的话说，就是要找到更大的市场、更多的认同，怎么才能做得更好呢？佛教有八个字，"诸恶莫作，众善奉行"。

"'如果我们创造财富、提倡财商教育的人有这种善念，倡导大家做善事，不做坏事，用这种方式服务于大众，就会获得更多市场份额和财富。

"'古希腊的柏拉图认为，我们的教育事业最后都是把人们的灵魂、心灵引导到善理念的最高境界上。就像我们儒家的"明明德，亲民，止于至善"，通过教导大家做事、修身、担当、责任和爱人，把社会推向天下为公的大同社会。

"'在这么一个金钱无处不在的世界里，怎么做金钱教育？我们要有善的方向，要有教则明的理念，要有给人带去更多快乐的动机，这样我们就能给社会创造更多财富，也能让大家积极健康地了解和认识金钱，明白金钱的

一切有为法，

如梦幻泡影，

如露亦如电，

应作如是观。

各种表现都是为人服务的,由人的心念而生,是无常的。所以,我们自己要能当家做主,不要被奴役,要成为一个理性、明白、智慧的经济人。明白金钱与可持续增长的财富的关系,也明白自己与金钱(财富)的正确关系,这样能让生活变得更容易,也能让金钱成为生活教育的方便之门,这是好事,要认真去做。'"

观念落后了

说到这里,唐老师停下喝了口茶,继续对李总说:"师父一席话令我顿悟。既然我们面对着金钱的世界,孩子们又有兴趣,我们就应该积极地教育他们,正确地引导他们去追求财富。因为这个世界充满了财富,这个世界渴望财富,并创造财富,不断地追求财富促使了世界文明的进步和发展。我们怎么能因为大人的世界累了,成人的眼睛盲目了、片面化了,而避讳谈论这个话题呢。

"是我们的观念落后了、保守了,跟不上这个时代的变化了。"

听到这儿,李总脑子里想起了德沃夏克的《自新大陆

金钱可以成为生活教育的
方便之门。

交响曲》的第四乐章。

大家沉默了好一阵，李总收回思绪，问道："那你说，我这样使劲去追求财富是正确的了？但我为什么没有成就感，也没有什么幸福感呢？"

骄傲又空虚的李总

唐老师答道："你错了，你有骄傲感，还有很强的虚荣感。你的货币数字比别人大，在数字上你可以与别人进行赌博游戏。尽管你喝白水，吃方便面，但你的会所这么奢华，可见你还是很要面子，且内心脆弱，希望得到别人的认同和尊重，也希望别人羡慕你。"

李总打断道："没有，绝对没有。"

唐老师说："不要不承认，潜意识里你的这种想法很强烈。这就是人性，每个人都有虚荣心，做事情都希望得到更多人的认同和尊重，这令自己更有成就感。只是你现在很困惑，而困惑的原因是：虽然有了很多钱，但是成就感和认同感却相对较差。"

有货币，没有财富

"从某个角度来说，这种不快乐的感觉还是源于你内心有追求理想的情怀，虽然你现在听的是海顿的音乐，心里想的却是瓦格纳和德沃夏克的音乐。你有穷则独善其身、达则兼济天下的野心，但现在呢，你确实是被金融行业里流动的货币绑架了。你是一个有钱的人，或者从某个角度上讲，你是一个有货币却没有财富的人，是一个玩货币也被货币玩的人，这话有些难听，但却是事实。"

"说下去。"李总想听唐老师接下来会怎么说。

唐老师接着说："金钱世界的规则改变了，定义发生了变化，很多人把金钱与财富混为一谈，他们变成了金融市场的勇士、将帅，他们用金钱货币作为自己的武器，拓展到未来市场、虚拟市场、精神市场，从有形的到无形的。他们追逐货币游戏的最大价值，并以此为乐。比如，在这些领域里面，我们谈论的某股神、某大师享尽他们的光环，他们追求的是金钱，是流动的无常货币，而不是财富。所以他们没有踏实感和从容感，就算能在很多数字游戏中所向披靡，内心却是空虚的。

"当然，从另一个角度来看，他们的折腾活跃了金融市场，让货币的另一面像不安分的鲶鱼那样，给社会和企业带来了积极的一面。金融的活跃也筹集了生产资金，并分担了部分市场风险。"

三类人

李总不安地问："你说我是空虚的，那什么是实在的呢？什么是真正的财富？富人不为钱工作是为什么呢？"

唐老师接着说："今天这个世界有三类人：第一类人是数字上的穷人，这种人当中有的人有自己的事业，他们的钱并不多，他们做的事情也很普通，但他们有自己的幸福和烦恼，有自己的生活方式。比如你家乡小镇上的部分人，还有北京城里的很多人。

"第一类人中还有一部分是真正的穷人，一直在追逐金钱，但一直没追到。这种人很多，很浮躁，经常烦恼和痛苦。

"第二类人是数字上的富人，或者说是有钱人，在追求流动货币的游戏当中他们成功了，银行里的存款数字及资产的价格都很高，但他们是有钱的穷人，他们是财富失业者。普通人失业了，意味着没有什么事与物来消耗他们的生命。没有事情消磨他们的时间，也即没有了收入却还在支出，所以不安，所以贫穷。但有钱的穷人有的只是金钱货币，他们有他们的不安、他们的烦恼，他们是财富失业者，就像你现在一样，你现在就是财富失业。因为你没有值得投入的事情来消耗你的时间、你的激情、你的生命。"

财富失业

"财富失业。"李总眼睛一亮，"我第一次听到这个词。说说你的财富失业吧。"

唐老师解释道："就是说，如果你的金钱货币是以流动性的状态呈现，那么它就是变化无常的。且不说富不过三代，可能富不过五年十年就会有变化了，这将进一步增加你的不安感，比原本贫穷的人更不安。像失业一样，金钱货币没有带给你踏实从容的感觉。

当今世界分为三类人。

"所谓财富失业,对于穷人来说是个人资产跟不上国家GDP的增长。

"而富人的财富失业是指,在金钱货币变化无常的形态中,他们没有金钱事业的业。他们只有金钱这种无常的身体,但没有身体内的灵魂,没有支撑身体、生命过程的灵魂(事业)。这部分人已经从华尔街金融市场拓展到全球了。

"那么第三类人,富有而有事业的人。这部分人是真正的富人,真正心里踏实的人。虽然这部分人货币的数字不一定很大,但他们不为金钱而工作,他们追逐自己的事业,他们的事业带给更多人有用的、方便的物品和劳务,他们在自己的事业当中获得了金钱和财富,也获得了快乐和安宁,而且他们最大的财富是活着的事业,是有生命力、有朝气的事业。当然,他们也有担心,担心自己的事业做不好,会被变化和竞争淘汰了,或被自己的能力等因素给耽误了。或者出于邪恶的动机,误导了市场和消费者,虽有一时风光,最终也会被淘汰,丢掉自己的灵魂(事业),再次变金钱的奴隶。"

李总想了一会儿回答道:"说得有点道理,你点出了根本。换句话说,我若有了值得投入的事业,或者踏实可持久的动机,如老和尚说的'善',就有了自己的财富,这样理解对吗?"

唐老师欣慰地说:"就是这个意思。不管你是否爱听,或嫌我自夸,我正在进行的青少年财商教育就是要对下一代进行启发和引导,让他们在大千世界中找到自己的兴趣点和事业,并为事业努力地学习、探索和思考,不做身不由己、随波逐流的小舟。

"这件事做起来很艰难,需要很多很多的准备和研究,更需要大家的认同。

"因为这是一个生活方式变化了,但人们的观念却没跟上的时代。"

李总还是成功人士

唐老师喝了口茶,停了一会儿,继续说:"我以后还想请你去给学生讲讲资本市场的秘密、金钱的秘密。你是有钱人,也是成功人士,是很多人的榜样,希望你在讲的

财富失业之人。

所谓财富失业,

对于穷人来说是

个人资产跟不上国家GDP的增长。

而富人的财富失业是指,

在金钱货币变化无常的形态中,

他们没有金钱事业的业。

过程当中，让孩子们了解这个世界，了解金钱的手段和力量，帮助他们找到自己愿意做的事情。

"从这个角度说，你没必要为自己有钱却没幸福感纠结。很多人羡慕你，我也羡慕你，住这么好的地方，每天有大把的时间属于自己。只要你不被流动的数字绑架，不成为追逐金钱的奴隶，你就是自由而幸福的；找到愿意做的事，你就是有财富的。观念转变了，明白了，金钱世界也是美丽的世界。

"对了，建议你回老家住一阵子，看看小镇这些年的变化。小镇正在卷入世界变化的洪流中，你们家乡的学校是不是都邀请过你了？"

李总回应道："是的，请过很多次，我觉得没什么可讲的，因为我是一个没有成功的有钱人。"

唐老师接着说："你是一个成功的人，金钱游戏中很多人都成了炮灰，看那些炒股的或理财的人，很多都被金融机构的食人链所吞噬，不清不楚地被设计了，他们最后比你惨，你是他们中的成功者，也可能因为你的成功导致了他们的悲惨失败。

"全球货币资产还要不断增加,这样才能让全球市场运转,才能创造更多就业机会,解决大部分人的就业问题。从这个角度说,货币对我们的社会非常重要,孩子们也应该认清这一点。

"当然,多数的货币被少数人掌控。在我们追逐金钱的游戏中,只有很有智慧的人才能在这种险象环生的变局中获胜。所以你是成功者,完全可以回去给他们上课,不过要让大家追逐财富,而不是金钱,找到财富就是找到自己的理想和梦想,再通过理想和梦想去追逐财富。"

一个有才华的穷人

说到这里,唐老师问:"我记得当时你还有一位同事,很喜欢画画,他姓王吧?"

"对。"

唐老师又问:"他现在怎么样了?"

李总答道:"唉,他现在不大好,本来可能会成为很好的画家,但他现在患上了抑郁症。他很想靠他的画赚钱,但没有赚到,因为没有机构去捧他、包装他,所以他就没有奔出来。人也很倔,是有才华的穷人呵。这是观念没转变,其实他是一个有追求的富人,只是被货币击垮了。"

唐老师说:"如果王画家对自身财富的自信像对自己的艺术才华那样,不知道还会不会这样呢。看来金融业还远不够发达,没把这些真正好的东西显现出来。当然财富教育的缺失也是有原因的,王画家的财富观念和攀缘心态是否该转变了,本来他就是富人,却看不到自己的'财富'。"

做财商教育事业

李总问道:"那你们的财商教育现在进行得怎么样?"

唐老师回答道:"也挺艰难,刚刚起步,大家不了解它,都误以为是教小孩子赚钱的。实际上,我们是希望通过孩子的眼睛、孩子的大脑去观察现在的这个世界。

"由于今天的世界和金钱的关系如此紧密,以至于我们的很多行为、很多事物都被打上了价签。全球化的贸易市场、科技和通信已经把我们变成了一个村子,现在,地球村里发生的事情就像小镇上发生的一样,在这种快速变

被货币击垮，
有才华的"穷人"。

化当中，如何认识金钱财富、如何与之打交道就显得越来越重要了。

"但这个话题说来话长，再找时间聊吧。今天聊得很有意思，希望你能够加入到财商讲师的队伍里来，让更多的人听听你的体会。也许你在教育事业当中能找到你的方向，还有幸福感、理想感。"

李总顿了一会儿，说："让我想想吧，但我很久没讲过课了，更别说给孩子讲课了，一身铜臭味，生疏了，怕把孩子们引偏了。"

不知不觉已过去了四个小时，唐老师站起来说："我该走了，明天还要上课，有时间多联系。"

"好吧，今天就说到这儿，我送送你。"

分别的时候，李总说："我有一个大学同学，在北京XX重点小学里当班主任。有一次，我与他聊到我对财商教育的一些想法，他也很感兴趣。看你什么时候有时间我们聚聚吧。"

唐老师说："正好，我有个学生是他们学校的，我们正准备组织孩子们去你美丽的家乡参观考察呢，让他们从经济财富的角度来看这个小镇发生的变化。我们想定在这个暑假,要是你的同学也有兴趣的话,我们一道去吧。"

李总说:"我问一下他吧,还有十几天就放假了。"

第五章

夏令营

一个约会

暑假到了,唐老师带着他的十个学生,还有李总,还有小强的班主任胡老师去小镇考察。巧的是,李总介绍的那个同学就是胡老师。

三十五年了,变了

他们来到了中国西部那个美丽的城镇,坐在岷江边唐老师和李总相遇的那个茶馆。孔子说过,"逝者如斯夫",时间过得真快呀!这个茶馆也发生了巨大变化,已不再是三十五年前简朴的样子了,当年是竹椅、小木桌、小盖碗茶,现在设置了雅间,摆放了西式沙发。消费也有了多种选择,而且进出茶馆的客人熙熙攘攘的,显得更匆忙了。茶馆的环境让人觉得很惬意，能看到远处圣洁的雪山，这里的藏族人称它为神山，不允许任何人攀爬，因为他们每天都要得到神山的祝福。

雪山旁的对话

三人各自要了碗当地老百姓很爱喝的三花茶，开始了一场关于金钱、财富、时代与教育的对话。

唐老师希望李总请当年在小学教书时的老同事也过来聊一聊，看看学校有什么变化。

李总说："我已经与他联系过，不过他现在很忙，辞去学校的教书工作后，他创办了一家旅游公司，每天要安排游客的行程和食宿，还要带团去人烟稀少的地方徒步旅行，如参观藏族和羌族的部落。他现在干得不错，钱也赚了不少。我打电话问问他能不能来吧。"

李总问唐老师："你说的财商教育，我琢磨来琢磨去，现在是不是进行财商教育的时候呢，我觉得会比较艰难吧。因为现在的学生大多还是以应试教育为主，怎么样能让家长放心地把孩子交给你们，并对孩子进行拓展式的思维训练呢？"

雪山旁的对话，

有关金钱、财富、时代与教育。

财商教育不容易

唐老师说:"的确很难,你看我们这次也只有十个孩子。家长们还是认为孩子的主要教育应该放在应付考试和升学上。观念的转变的确很难。"

"我给你介绍一下我这个同学,"李总说,"他是小强的班主任胡老师,作为重点小学的老师,他有很多关于教育方面的切实感受。"

胡老师说:"我听李总讲,你们做的是具有开创性的事情,我也观察了我们班小强的变化,很有兴趣跟你们一起来讨论这个问题。"

小强的班主任询问财商教育

胡老师接着说:"小强在你们那里学习了一阵财商教育后,给我最大的感受就是,他的问题多了,观察和思考事情的角度与其他小朋友不同。他提出的有些问题让我们的数学老师都烦了,觉得他不安分、有刺,不像以前那样只是接受。现在的他懂得思考,坚持自己的观点。而且他也经常给同学讲他上财商课时玩的游戏，参观的银行和超市，接受的财商思维训练与学会的金钱语言。

"的确，现在的中国教育有很多问题。作为班主任，我也有切身体会。我感觉，是不是我们的教育被泛市场绑架了？因为市场的根本是竞争，我们的学校、老师也被纳入这个竞争体系了。在竞争中，有赢家与输家，赢家赢得奖牌、名誉、利益。而怎么来设定规则，很简单，那就是得有标准答案。

"我们的教育是标准答案式教育，而我们优秀的教育资源很少。不仅本市的孩子，还有很多外地拥入北京的孩子，在这个大城市里，所有的孩子都在寻找优秀的教育资源。而大部分中国家庭都只有一个孩子，这导致了残酷的竞争。孩子的父母及父母的父母都全力关注这一个孩子，把所有祝福、祝愿、期待全部压在一个孩子身上。这是一个多么巨大的风险，孩子的任何事都是了不得的事。中国是尊老爱幼的国家，爱幼就是希望孩子成功、茁壮成长，但成功之路被稀缺的资源垄断着，而老师、家长、学校又被这种传统价值观念所绑架，所以，我们也只能是想尽一

无奈的家长和孩子。

是不是我们的教育被泛市场绑架了？因为市场的根本是竞争，我们的学校、老师也被纳入这个竞争体系了。在竞争中，有赢家与输家，赢家赢得奖牌、名誉、利益。而怎么来设定规则，很简单，那就是得有标准答案。

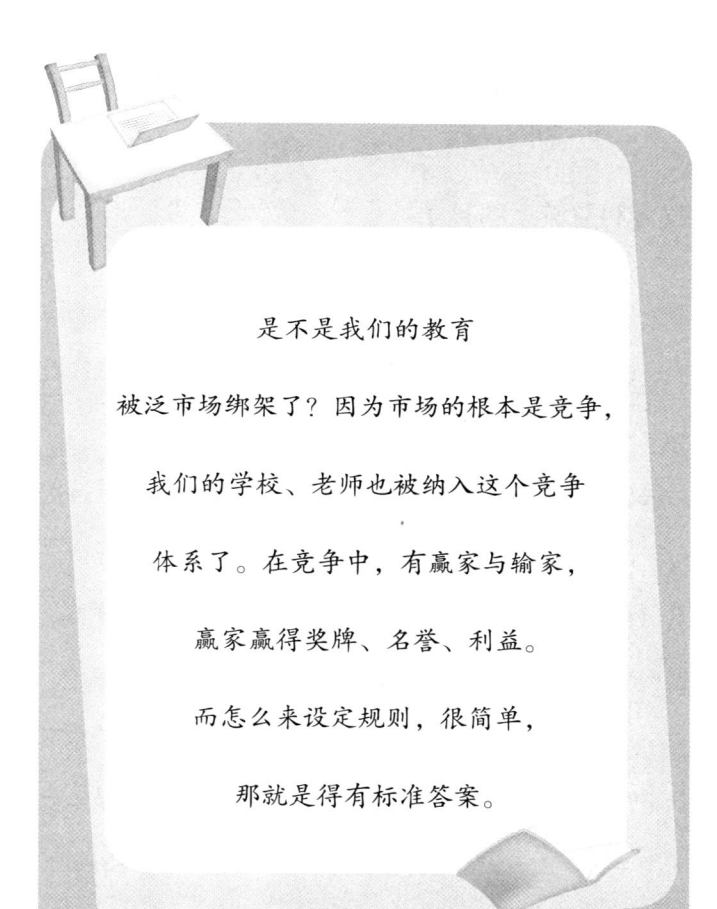

切办法让孩子的成绩提上去。如果孩子的成绩上不去,不仅学校领导不同意,家长也不会同意,而且还不是一个家长不同意,是所有家长。"

教育利益链上的孩子

"其实在现行教育体系下,还有很多孩子在庞大的制度机器、庞大利益链条上的各环节面前,没有别的选择,只有死记硬背,凭着记忆力、反应力,凭知识的积累,最后去过独木桥。这种情况导致了另外一个极端,有报道称,西安有一户这样的家庭,家长面对残酷的教育环境,竟然把孩子从学校接走,带到山上自己进行教育。其实,这反而剥夺了孩子与其他伙伴玩耍的快乐。

"一些有知识、有见解的家长不惜一切血本,千方百计把孩子送到国外去,但是有的孩子在国外生活了半年就哭了半年,孩子认为自己被抛弃了,最后不得不再回到国内。这么小的孩子,有的还在上小学、初中就远离父母、远渡重洋去学习。孩子出国留学与当年我们的第一代革命者远渡重洋留学还不一样,革命者留学为的是求知识、长见

应试教育利益链上的孩子，
何其悲惨！

识、寻方法，而现在的我们则是为了逃避。"

考试，没有选择

"不过，退学或出国的孩子还是少部分，大部分的孩子还在应试的路上。简单地说，我们的最终落脚点是要把我们的孩子变成考试冠军，这当然也是家长无奈的选择。只有这样，孩子才可以上好的中学、好的大学。作为链条上的一员，家长深知这种残酷，但是我们有什么办法呢。"

唐老师打断了胡老师："难道真的就没有第三条路了吗？"

胡老师问唐老师："你讲第三条路，教育的第三条路，你有什么具体的想法吗？难道是你们现在正在做的财商教育吗？"

唐老师回答："我这几年也在想这个问题。中国的教育已让千千万万的家庭深陷其中。家长们忙碌浮躁，在变化中随波逐流，为生计而奔波，生计已经给他们造成了很多的困惑。另一方面，由于多数家庭只有一个孩子，家长把生活重心也放到了孩子身上。

考试、考试，还是考试，
一切以考试为王道。

"教育成了大家不愿意深谈,但又不能回避的问题。

"能不能走出一条比应试和出国更好的路,结合最近思考的金钱和财富教育,我们引出了第三条路的话题。现在只是开个头,抛砖引玉,希望有更多的人来思考第三条路,我想总会有办法的。

"核心的核心是:我们的教育观念能不能改变?

"大人们对孩子的教育、对孩子的成绩、对孩子的幸福、对孩子的成长这些方面的考虑角度和方法有没有改变,有没有跟上这个时代的变化和科技的发展,有没有跟上生活方式的变化。毕竟,孩子生活在未来。"

胡老师接着问:"你说到了孩子生活在未来,就是说在市场全球化的驱动下,在人类的好奇探究和利益驱动下,我们的生活方式正在发生加速变革,且频率越来越快。古时候,生活方式几百年没什么变化,但现在,几十年甚至几年一变。人们常谈及代沟,可能现在五年就会形成代沟,十年的代沟就更大了。唐老师你再具体描述一下,未来的生活方式会有什么改变?对孩子的教育又有哪些借鉴意义呢?"

教育成了大家不愿意深谈，

但又不能回避的问题。

我们的生活方式发生了改变

唐老师回答:"这是今天的话题中最有意思的一部分。科技和经济发展了,市场变化了,全球文化也在碰撞和交融,那我们的生活方式会发生怎样的改变?这对我们的财富观、人生观、教育观又会有哪些冲击呢?

"或者,教育观念已经落后很长一段时间,但是我们的科技和金融,我们市场全球化的步伐,却像脱缰野马一样往前奔窜,比如互联网的高速发展、通信技术的高速发展、交通的高速发展,这些发展让人们的生活发生了巨大变化。换句话说,以前的经济行为只是在有限的时间内进行,交易也是在有限的时间内进行,而现在的经济行为和交易行为可以随时进行,每分每秒都不间断。市场大了,也容易了,这个变化就更加无常了。又比如,我们在跟其他人进行联络、沟通表达、信息交换,甚至物品交换时,在以前受时空限制非常大,现在则变得很容易了,在任何地点都可以通过手机和网络与外界进行联系、进行对话,还可以第一时间了解到全球任何角落发生的任何事情。"

互相参与式的生活

"今天,每个人都主动或被动地频繁参与到全球生活中,参与到其他人的生活中。现在的生活是一种互相参与式的生活。

"每个人都是创造者,每个人都是消费者,同时,每个人都可能是制造者,每个人都可能是接受者,每个人都可能成为中心。

"每个人的权利都可以通过这种方式无限放大,这种放大穿过有形的世界到无形的空间,甚至进入一个人的梦想空间。

"在今天,每个人都可以是主人,每个人又都处在一个被表达、被设计的游戏当中,这就是我们当下生活方式的一个巨大变化。"

选择、市场、经济行为和方式,受到了挑战

听到这里,教语文的胡老师激动地说:"说到与财商有关的经济行为,全球现在主要依存的市场经济或者说西

方经济学的基础是:管理好稀缺资源的配置,为个人、企业或社会做出最有效率的选择,并通过互相依存的物品、劳务的贸易让社会财富增加。

"问题是,在今天这样一个互相参与、互为设计、互为消费、互为市场的大环境中,有多少人还能主动去选择、去自主地决定呢?

"比如,我们喝的牛奶、吃的火腿肠、穿的衣服、看的书和电影、居住的城市和房子,甚至包括我们说的话,似乎都被设计了。

"换句话说,以前是选择让我们生活继续,选择是经济学研究的根本问题,也是市场、价格、财富的重要基础之一,但今天是设计让我们生活继续。以中国现在的应试教育为例,以前是为理想或功名,现在很多时候是被设计了。那么,由选择带来的经济学基础,带来的理性竞争和之后的社会繁荣与进步是否会受到挑战呢?

"我还有一个观点,如果说权衡选择是刺激经济发展的根本原因,即谁有钱谁就有了更多的消费选择,就有了更多的需求,就会刺激生产,刺激更多的'钱'的产生。

在交互式的生活中,
每个人既是创造者,
又是消费者。

"但是大家反思过没有,选择源于比较,即佛教讲的'攀缘'。如果有一天人们明白比较和攀缘会带来更多烦恼,会颠倒人生,那么,那时又怎么刺激消费呢?'钱'又有何用呢?

"所以,我们的观念要改变。新时代、新时空的财富构成要发生变化了。

"关键的问题是:我们很多人还没准备好怎样当这个新时代的主人。在新时代,我们应该怎样认识生活、认识市场,包括金钱、财富、收入、消费选择等经济行为的变化,并为之做好准备。

"以前,镇上的老百姓可能几年也不会走出去,也不知道外面发生了什么变化。他们贫穷落后,但他们简单宁静,他们在自己有限的时空里面做着自己本分的事情。他们的生命静得像这里的雪山一样,静静地积累,静静地融化,又静静地流淌。在这个过程中,新的生命也静静地来临、繁衍,就像路两旁静静的树林。但是,有限的市场决定了有限的消费选择,以至于环保主义者抗议在这修机场的时候,相关人士强有力地反驳,为什么只能允许你们城里

在今天这样一个

互相参与、互为设计、

互为消费、

互为市场的大环境中,

有多少人还能主动去选择、

去自主地决定呢?

人拥有丰富的选择,为什么要让生活在大自然怀抱深处的人们忍受贫穷,他们也有权享受文明城市的一切。"

无法阻挡的全球化步伐

"发展一直存在矛盾,不管怎么样,我们谁也无法阻挡全球化、市场化、金融化的步伐。的的确确,我们每个人的空间和时间都拓展了,我们每个人的生活和人生也发生了根本性的改变,并且这种改变还会继续下去,还会以更快的速度渗透到下一代人的生活中。以后的通信能力、交通速度、时空体验会发生更大变化,他们更将是这个世界的参与者、被参与者。现在你不用出门就能知道天下的事情,可以参与其中,让你的思想、观点、声音(当然是虚拟的声音)传到世界的各个角落。你可以在一个地方或多个地方同时享受无国界生活,比如吃饭、登山、听音乐会等。"

你孤独吗?

"但富人们、老师们、学者们在生活方式发生革命性变化的大潮中,很少有突破性的思考,人们都太忙了。有人认为,在这么一个快速变化的时代,中国应出大思想家、文学家,还有人认为中国可以探索出适合全球发展的新经济制度和政治制度,给更多发展中国家做出榜样。但我认为,中国人在这方面的思考太少了、太浅了。思考需要孤独和冷静的观察,可我们大多数人还没准备好,都忙着应付变化。"

大家发了会儿呆,喝了几口茶,唐老师说:"我认为中国的这种变化得益于小平同志提出的改革开放,实践是检验真理的唯一标准。改革开放前,我们国家有很多年都停滞不前。"

科技跑得太快了

"另外一方面,中国这四十年的快速发展也得益于科技的大发展。科技发展让落后者有机会通过更多的捷径获取经济型的财富。比如,大家都知道发达的交通让城市间的距离越来越短;我们的通信、我们的互联网,当然还包括巨大利益推动下的企业,都在想尽一切办法把地球变成一个村庄、一个市场，一个他们可以赚钱的市场。这些欲望促使我们经济迅猛发展，促使我们应用科技技术，包括冷战时期的军备竞赛成果落地转化，还促进我们的物质文明和精神文明快速发展。从大海深处到太空，从新型材料到微电子技术，从反物质研究到宇宙大爆炸，从爱因斯坦的新时空论到网络搜索及博客的兴起，从移动手机到三网融合，从新能源的开发到金融行业的高度繁荣，无一不是科技发展所带来的，追求财富的欲望得到大解放。其中，金融产品已进入了人性的市场，进入人性中种种情绪的市场，包括人的恐惧、贪婪、虚荣、自私、懒惰等领域。

"在这种情况下，我们对财富、对教育、对未来、对生活方式的思考是不是也要改变？我们是不是还停留在现有的甚至过去的观念上？要知道就像我们脚下这条岷江，你现在看到的江水，当你转过来跟我说话时它已经流走了，一切都消失得那么快。正因为消失得快，我们的世界、我们的生活才有如此大的活力。而我们这些努力赚钱的人、创富的人、做教育的人，该有怎样的思考，特别是对生活在未来的孩子应该有什么样思考。"

李总被触动了

李总讲："唐老师，你讲的给我很大触动。货币俗称金钱，已经是今天全球化市场运转和变化的重要工具了。那金钱与财富到底有什么区别？或者说，货币与财富有什么区别？

"美国的一个历史学家曾在巴黎街头做了个小小的实验。他在巴黎香榭丽舍大街步行了一天，在这一天当中，有一百多人给他推销商品。由此可见，我们每个人都进入了被赚钱、被消费、再赚钱、再消费的简单循环中，变成了消费的机器。正因为我们想要消费，所以这个市场才能快速地运转，消费成了所有国家拉动经济、促进就业的三驾马车之一，而且还是主要的马车。因为投资和进出口也是为了消费啊。而且少数的富人和精英们促使这种消费的速度越来越快，所以我们的市场才会越来越大。以至于有人发愁，我们总是要消费，总是需要钱，这个钱已经不是财富而是货币了，需要钱和消费的感觉让很多人变成这个社会形态运转中必不可少的螺丝钉。

我们每个人都进入了

被赚钱、被消费、再赚钱、

再消费的简单循环中,

变成了消费的机器。

飞速发展的科技。

"这就是为什么西方出现了环保主义和后现代主义等新流派，他们批判现在的科学、现代的经济，产生了很多对金钱的新想法。以前，在其他形态的经济下，金钱与货币相似。但现在，金钱与财富，或货币与财富的区别越来越大，特别是现在金融服务业如此发达，使政府、金融机构、大型企业聚合成更巨大的经济组合体。换句话说，在今天的世界，存在少数经济体与金融机构，他们可以用货币金钱的方式随心所欲地对财富进行分配和再分配、掠夺和再掠夺。当然，他们之间的斗争也越演越精彩了。"

全球对流动货币的依赖

"今天，我们越来越依赖于流动性货币，货币一旦停止流动，全球经济就会瘫痪。货币，不知道它是天使还是魔鬼，它可以让这个世界的各个角落、这个世界的各种人群、这个世界的各个阶层的财富发生转移，不管这种转移是公开的还是半公开的，是合理的还是不合理的。

"在每一次剧烈波动中，货币都能让无辜的人被卷进去，陷入水深火热之中。可以说，金钱一发脾气，很多人都要遭殃，有些人更富有了，但更多的人则更贫穷了。这一点在股市和楼市中有很多的案例。"

转变观念、热爱生活

唐老师打断李总的话："我不同意你的观点，事实没有你想的这么可怕。刚才我已经讲过，中国乃至世界的快速发展都是得益于我们科技的进步和人类对利益的追求，当然，我们对生命价值的追求也许走过头了。

"所以说，科技的发展，人类对未知世界的好奇心与探究欲，征服宇宙的念想，人类对自身利益的追求，以及我们对生命价值的扩大化认知，促使了市场格局的快速变化，包括东西方制度和文化的差异。

"但是，这个变化的确极大地丰富了我们的生活，丰富了我们的想象空间，丰富了我们对人性的认识，丰富了各个国家、各种信仰、各种民族的交流与交往。

"还记得那天晚上在你的豪华会所聊天的情况吗？我有时也会很纠结，不知道今天的人们获得的更多是幸福还是无奈。消费的选择多了是幸福吗？还是因为太多选择让他们变得浮躁、烦恼，失去生命本来的意义。

"就像我们提出对孩子们进行金钱教育，探索素质教育的时候，有时真的很纠结，甚至还很沉重。这个地方，这个小镇，与我们真是有缘。我当初在这儿遇到了一个师父，师父乐呵呵地跟我说：'你想得太沉重了，这个世界本来就是这样的，本来就是无常变化的。如果孩子们喜欢金钱，金钱又无处不在，那就去进行金钱教育。

"'一切都在变化，一切都是无常的。

"'只是在教化的过程当中应注意众善奉行、诸恶莫作。引导他们向善，这是中国的孔子、西方的柏拉图都倡导的，让他们的灵魂和精神朝着向善的方向发展。'

"不过，我倒是记得老和尚后面开示时说的要理解今天的财富。这提醒了我，胡老师、李总，您二位一起来分析分析，既然今天的金钱与财富发生了差异性的变化，那么财富的本质也在变化，这个变化是因为生活的方式、生活的形态在发生变化，也因为创造财富的定义在发生变化。"

什么是财富

唐老师接着说:"什么叫财富?大家公认的是:财富是物品和劳务的总和。也就是说,创造物品、提供有价值的劳务这些都是财富,这是经济学上讲的。

"如果有一天,我们的科技、金融很发达了,发达到可以把我们生活方式当中的一些观念放大,快速以经济角度量化成财富,世人对财富的执迷就可以觉悟了,因为到时候就知道这不过是过眼烟云。释迦牟尼说:如梦幻泡影,如露亦如电;孔子讲:不义富且贵,于我如浮云;大诗人李白有诗:天生我材必有用,千金散尽还复来。说的都是这个意思。科技发展会警示众人,不要因为自己的小利、自己的执迷而去烦恼、去犯错、去作恶,因为一切都是无常的、快速变化的,包括财富,包括金钱。真正的财富是像我们圣洁的雪山一样善良的,希望、光明、安宁的祝福,从那里流淌出来,生生不息。

"所以,真到了那个时候,我们的李总不会再为自己的数字变化而纠结,这些都是无常的。自美国次贷危机后，量化宽松货币政策出炉，可能并不是坏的时代的开始，可能是好的时代正在到来，提醒大家金钱和财富在发生质的变化。因为我们的生活发生了变化，因为科技让我们的市场发生了从有到无、从看得见到看不见、从远至近、从地球之内到地球之外的天翻地覆的变化，而且还在继续变化。

"市场变化对金钱冲击非常大，如果没有感觉到它的冲击，那就是还生活在过去。"

人性与市场的冲突

胡老师喝了一口水，说："我是教语文的，今天和你们一起聊让我很受启发，我倒想起了一个问题。

"经济学不是讲，人有了越来越多的选择、消费、交易和交换，市场就越发达、进步了吗？那么经济学考虑过有血有肉有灵性的人的选择消费边界问题吗？这是我想问的第一个问题，如果超出这个边界又有什么变化呢？是善还是恶，是成就还是毁灭呢？

"第二个是科学问题，科学让我们生活在不断的变化中,科学不断地证伪,从古代'地心说'到后来的'日心说',从牛顿到爱因斯坦,我们一起在对我们看得见的空间和看不见的时间进行纠正和颠覆。爱因斯坦颠覆了牛顿的绝对时空观,我们生活的世界、创造的物品、生活的方式无不影响着我们的时间和空间,而我们每个人都有自己的时空,脱离不开自己的时空。真理是不变的,变的只是时空及观察角度。"

"无"的世界将更加革命性地改变我们的生活

"那么,科技再往前走,我们的时空将发生怎样的颠覆呢?这种颠覆会不会对我们的财富观产生巨大的影响呢?

"今天,科技证明看不见的世界占整个世界的百分之九十以上,它以另外一种能量形式影响着我们。

"西方科学和西方经济对'有'的世界已有充分的研究,但对'无'的世界的研究才刚刚开始,包括'有'与'无'的转换、连接等。

"老子讲了:反者道之动,弱者道之用;常无欲以观其妙,常有欲以观其徼。

世界原本就是无常的，
幸与不幸都在自己的心里。

一切都在变化,

一切都是无常的。

"既然我们生活的世界发生了这么剧烈的变化,那么我们应该怎样安排对孩子的教育?孩子毕竟生活在未来,短短几十年中国就发生了这么大的变化,而孩子长大后,又过去了二十年,那时的中国、世界、时代、财富还会发生什么样的变化?"

了解你的心

"人类实在是太渺小了,不过也太伟大了。因为一切都在人类的心中,但我们对心了解得太少,所以越来越自以为是地按照自己的意愿教育孩子,这是对的吗?

"在这个变化的时代,究竟应该培养孩子的什么能力呢?"

在风景旁思考、争论与发呆

胡老师说到这儿,朋友们就这个话题争论了起来,从教育说到财富,又说到了时代。也难得,大家从繁华拥挤的北京来到这个面临岷江、背靠雪山的安逸小镇的茶馆里思考、观察和争论,也可以说,大家其实是在风景旁发呆。

这时，李总的老同事张总也来了。他听了会儿大伙的争论，说："你们这是身在福中不知福。现在多好，赚钱容易，要感谢政府和市场经济。发展才是硬道理，你们说那么多形而上的哲学有啥用？教育的事以后会改变的。我有事先忙，不陪你们神侃，晚上请你们吃饭。"

什么能力最重要

张总走后，唐老师说道："与你们说话时，我的时空体验已经发生了变化。我是老师，我关注的是教育应该给孩子们什么样的帮助。因为，在不远的将来，我们的计算能力、记忆能力、身份识别能力、复制能力、模仿能力，这些能力都很容易提高，一定会有相应的机器、相应的手段来帮我们实现。到那时候，什么对我们最重要呢？可能是一个人的想象力、好奇心、创新能力、沟通表达能力、思维能力，特别是多维的思维能力。从这个角度说，我们今天的教育在这些能力的培训上还要更下功夫，包括对孩子的性格塑造，比如吃苦耐劳、坚强自信、团结协作、乐观善良，甚至承受孤独的能力。我们在教育的方式方法与课程内容设置上是不是也应该有所改变,包括我们的教育机构在选拔学生、招收学生时是否有新的尝试。"

建构式教育

胡老师说:"还真有些意思,那你们财商教育的思维训练是用在建构式的教育上还是发现式的教育上?"

唐老师回答:"我们有这样的想法,以家长和孩子感兴趣的财富话题为媒介,来发现孩子的天赋,培养他们的思维能力和探究能力,进而增加他们对生活的热爱,以及为善的好习惯。这一切都在鼓励他们首先学好基础知识,尽管这些知识以后会有部分被淘汰,会变得没那么重要。但孩子要成长,要一边学习一边玩,总要有些事情伴随着他们成长。

"如你所说,未来的财富观、金钱观也会发生变化,这也是我们想做财商教育的目的,因为孩子们要生存、赚钱、消费,也要养家糊口。但是,未来我们赚钱的方式方法会发生很大的变化。如果我们对孩子的教育走在前面,孩子就会在这方面少犯些错误,少走些弯路。当然,财商教育还能激发孩子对财富的兴趣,进而探讨一些基础教育、艺术教育和跨文化教育等方面的问题。但目前这只是一些想法,还有待更多人一起摸索,现在李总有兴趣加入研发组,希望胡老师,还有更多人加入其中。"

李总对财商教育有了兴趣

李总又来兴趣了:"我倒觉得你们搞财商教育的这种理念不错,很有时代感和实用性。自从上回谈完话以后,你让我对自己有了反思。我虽然有钱,银行里的那个数字也不小,一辈子用不完,孩子也用不完,但为什么我依旧没有成就感?有时还会贪慕虚荣,原来那种理想的生活、意气风发的生活已经离我很远了,说实话,我真有点财富失业,也就是说在经济变化的大潮中,我自认为比较聪明,但只是在奔跑,跟很多人一样,没看到路,也没看到远方,更没有看到两岸。在滚滚红尘中忙碌,不知不觉中,我的很多有价值的东西都消失了,得到了金钱,消失了财富、理想和幸福。"

父亲的榜样与孩子的权利

"不仅如此,我还成为不了孩子积极奋斗的榜样。父亲对孩子的影响是很大的,可能把孩子也变成一个食利者,变相地剥夺了他奋斗、打拼人生的权利。哪怕他在自己的创业、创富中经历挫折和失败,这种风雨和孤独也是他的人生。

"大人们的观念真要转变,我们辛苦挣钱不是为孩子,孩子努力学习也不是为大人。孔子说过,为己之路,是要达到从心所欲而不逾矩的境界必须经历的过程。

"回过头看这个小镇,就算与三十五年前相比,也发生了翻天覆地的变化。现在,这里的人拥有当年想都不敢想的东西,如手机、互联网、时尚服装、电影和便捷交通。几十年的巨大变化的确把我们裹挟进去了,来不及想,来不及观察,唐老师搞的这个财商教育就是提醒我们在赚钱的同时也要思考和观察这个世界及其变化。现在,我们坐在奔腾的岷江岸边,正悠闲且平静地思考和观察着我们的环境、我们的内心。孩子和大人、有钱和没钱的人都需要了解什么是财富的本质、人生的本质。"

李总继续说:"今天很有意思,还有很多话没有聊透,今天就是个开头。有关财富、金钱、科技、教育和时代变化这些话题,希望以后回北京我们再聊,也希望胡老师经常参加我们的分享会。晚上张总请大家吃饭,我们应该听听他的想法,他就是小镇上的典型代表。好了,今天我们就说到这,去逛逛夜市。"

夕阳从美丽的雪山上滑落下去,很美。

我们辛苦挣钱不是为孩子,

孩子努力学习也不是为大人。

第六章

江边聚餐

富有又单纯的小镇

从茶馆出来,李总带着大家步行到张总订好的餐馆。

远处,晚霞正慢慢地从雪山后消失,青灰色的天边,雪山的轮廓更显得遒劲、神秘和有力,它冷静而从容地注视着小镇上的灯火慢慢地璀璨起来。

唐老师一边看着街道两旁热闹起来的餐馆和购物店,一边思忖着这里的变化。这个有着深厚历史的地方,这个曾经衰落、破败、贫穷了数百年的镇子,在短短二十年间,甚至是短短的几年,随着附近旅游景点的开发而快速发展起来。街上游人如织,当地人在入夜时也兴奋起来了,生意更好做了,真是"文化搭台,经济唱戏"。一家银行门口还挂有鼓励农民家电贷款消费的优惠横幅(无处不在的金融）。

"土地就是财富"，这块承载了历史文化的土地，旁边还有如此肃穆的雪山，该有怎样的能量在这聚积呢？在当地多民族群体的共同生活中，他们似乎更积极地拥抱这种变化，拥抱这种看得见和看不见的能量。那么中国呢？中国在世界中的变化又该怎样诠释呢？在这种变化中又要克服多少困难呢？

不知不觉，一行人到了张总订好的餐馆，这家具有民族风情的餐馆也在河边。岷江真是小镇人的财富之河，而且是流动着的财富。

在一个精致的雅间里，一行人与东道主张总见面了。

张总略显疲惫，但精力仍很充沛，用洪亮而自信的嗓门招呼大家入座，看得出他过得不错。

"李总，你现在是大老板了，今天很高兴和你的新朋友认识。下午忙，没陪你们，抱歉了。"

李总把一行人介绍给了张总，第一杯酒下肚后，李总问道："张总，你现在干得不错嘛，又开公司又带团，忙得过来吗？"

改革好,就抓紧挣钱

"嗨,赶上国家旅游热了,抓紧挣几年,不能老穷下去呵。孩子刚进省城上大学,也需要钱嘛。"张总笑呵呵地答道。

"看来,现在这儿的老百姓日子过得不错,他们满足吗?还像当年李总那样想往外跑吗?"唐老师问道。

"还不错吧,现在这里啥都有了,省城有的消费,很多这里也有。好多人都迅速富起来了。当然,还是有相当一部分人想出去,特别是年轻人,外面的世界更精彩嘛。"

"想热闹,想更大的空间,人之本性呵。那大家对这种快速变化还适应吗?"唐老师问。

"适应,只是一些老人不太适应。"张总一边回答大家的问题,一边忙着挨个倒酒。

"为什么呢?"胡老师问道。

当地的有钱人自以为是,显阔又神气

"嫌这里的人越来越多、越来越吵了。镇上人的贫富分化也开始了。有钱人自以为是，显摆，有时娃儿上学、红白喜事也变成富人摆场子的事儿了，有些老人看不惯这些。还有些年轻人为了挣钱，甚至带人去爬神山，让老人们很气愤。不过有了钱，当然要高兴、要神气、要显阔，这也是单纯的人性呵，也是赚钱的目的之一，大家也明白。"张总一副看得很开的样子。

李总接着问道："说说你自己吧，你没带旅游团去爬神山，或者带游客消灾祈福吗？"

"我怎么会呢，不过有人这么做。"张总说。

"你们这儿的学校怎么样，孩子们学习压力大吗？你们这已有好几所小学了，大家排名吗？"胡老师问道。

"不大，很多有实力的家长都把孩子送到省城去了，留下来的孩子的家长对老师的要求也逐渐高了，都知道孩子要走读书、考试、进大城市工作这条路。"张总答道。

唐老师问："你怎么认为呢？"

张总应道："现在的教育不就这条路吗？要么通过读书离开小地方，要么直接到大城市或者国外去。我好多朋友就为了孩子上大城市里的好学校，在大城市买了房子，

当地的有钱人自以为是,
显阔又神气。

陪孩子读书；也有部分家长受不了大城市的噪声、拥堵和雾霾，又跑回来了，把孩子寄宿在学校。"

李总问："你怎么看这种变化呢？具体说吧，小镇现在是富了，短短十来年，大家有了更多的选择、更多的消费、更多的资讯、更多的空间。比如像今天这样的餐馆，可以边看节目边吃饭聊天。更多的选择是增添了幸福还是增添了烦恼呢？生活方式的改变、生活节奏的改变，对大家幸福感的影响呢？大家生活的目的呢？"

没时间思考

张总应道："这倒是个问题，我还没来得及观察和思考。生活方式、生活节奏、生活目的这些问题还不在我的考虑范围内。"

小强在旁边插嘴道："要用眼睛去观察、用大脑去思考这些变化，要去寻找真正的财富，不能只追逐金钱。"

唐老师提醒道："小强，要有礼貌，别随便打断大人们说话。"

张总继续说道："我们这儿的人现在的想法很简单务

实，那就是做事、挣钱，把地方经济发展起来，把生活条件改善得更好。发展才是硬道理嘛。"

李总接过话："唐老师有个词叫'财富失业'。我就是财富失业的典型，就是说我挣到了钱，挣到了流动着的货币。如果我不够聪明，没能继续挣到钱，这些钱很快就会变化，甚至流失掉，我没有自己的'业'来承担这些不安分的钱，没有真正的靠事业支持的财富，这就叫富人的财富失业。"

张总说道："这是个新词，是你们这些身处更繁华、更拥挤、消费更多信息的大城市人思考的，我们这儿还没到那个时候。不过，确实应该有一双清醒的眼睛来看待变化，一个清醒的头脑来思考我们的生活。反正我现在太忙了，感觉自己的生活还不错。

"你们讲的选择的多少对人决策的影响，进而对人生活是否幸福安详的影响；你们讲的追逐金钱而导致财富失业，对人本末倒置的影响；你们讲的对下一代的教育的矛盾、纠结，进而拓展到所谓寻找第三条路的设计等，在我看来，无非是人之本性罢了。"

一切如如

张总接着说:"人们追求金钱,而财富失业;追求考试,而教育失业;追求名利,而人生失业或幸福失业。殊不知,人为财死,鸟为食亡,人之本性。

"不过从另一个角度来说,你们有这些思考和讨论,我觉得主要原因还是因为时代变了,但我们的观念却没有改变,或者没有跟上这种变化,一切的纠结和矛盾皆源于此。

"对金钱、对教育、对人生,不能自己当家做主了,而一切的转变和实践将依靠于观念的转变与思想的解放。"

唐老师悟了

听到这儿,唐老师忽然悟到什么。这个地处雪山旁、不断变化的小镇每次都让他有这种感觉。观照而觉,远处的雪山似乎在暗夜中明亮起来。

小强和同伴们趴在雅间的窗边,入神地看着台上的歌

人们追求金钱，

而财富失业；

追求考试，

而教育失业；

追求名利，

而人生失业或幸福失业。

殊不知，人为财死，鸟为食亡，

人之本性。

舞民俗表演。

李总说道:"张总,小镇上的人大部分都忙着挣钱,或者为了孩子到省城去了。依你说,只是有些老人由于观念跟不上时代的变化,有些牢骚和烦恼。"

张总回答道:"我去过北京那样的大城市。相比之下,这里没有大城市的拥挤、就业率低等问题,没有对新闻、社会现象的过度分析报道,当然也没大城市那种繁华。虽然这里也有一些不公正、不合理的问题,但老百姓大多选择忍受或已经习惯了。"

张总最后端起了酒杯:"杯中酒,咱们干了,我带你们去泡温泉,很舒服。"

胡老师一边招呼着孩子们一边想:"张总还真能折腾,把生意做得这么红火。

"美丽的夜色应有美好的生活呵。"李总举起酒杯。

"干杯。"大家同声应和着。

富有与贫穷一样单纯

唐老师没再问什么了,他觉得小镇似乎还和以前一样。尽管现在被挣钱的大潮裹挟着，但大家的生活还是那样简单，富有和贫穷在这个镇上似乎都很单纯。可见，只要能改变观念，跟上变化，人们就不会有这些问题和烦恼了。

对，就是"跟上变化"，张总现在似乎很习惯这种变化，甚至依赖这种变化而活着。

不变的神山

唐老师想再看看雪山，这个千年万年既变化又不变的神山，既孤独却又因孤独而更具神秘和力量的神山。

人类将越来越依赖这些变化着的货币，变化着的生活方式，变化着的时空，变化着的消费，变化着的各种信息和新闻（真的或假的），变化着的词语和符号，变化着的价值观……

社会财富的增长或衰退，人们生活的苦与乐、幸与不幸皆源于此。

第七章

家长会

孩子的好奇与观察

回到北京,唐老师把参加夏令营的孩子们的家长请来,一起开了场家长座谈会。

唐老师讲道:"感谢大家百忙之中抽出时间,因为大家很少参加与考试无关的家长会。"

在会上,唐老师读了小强的作文。

小强在作文里写道:"自从学习了财商知识之后,我对我们现在的生活、对我们生活的城市及我们生活的方式方法有了更多的好奇和观察,也有了更多的'为什么'。

"前不久,唐老师带我们去了一个著名的旅游小镇,给我们讲述了这个小镇的变化,让我们观察小镇的生活方式,并将小镇与北京做了比较。"

游北京，看财富

"在北京，爸爸为我安排了一场从财富角度游北京的活动。我们利用周末时间游览了天安门，参观了博物馆，逛了王府井，最后还去了动物园。我了解到，我们的城市之所以像现在这样美好、繁荣，能给大家带来这么多的便捷体验，是因为这个城市是按照经济行为法则在运转，是流动的货币，或者说是金钱让我们的城市有序地运转并不断地带给我们所需要的物品和服务。这个城市之所以美好，之所以让我热爱它，是因为现在的人、我们的父辈及父辈的父辈的劳动创造了这个城市的价值，给这个城市带来了不断增加的财富。"

知道了电视上常说的GDP

"以前没学财商，不知道什么叫GDP，也不知道怎样去看待财富。自从上了这一课以后，我了解了一个城市、一个地区和一个国家的GDP。以前老在电视里听到这个词，GDP是一个国家在一定时期内生产的所有最终产品和劳务的市场价值总和，同时也是衡量一个国家经济总体规模的主要指标。

"我们现在享受到的文化，比如我们的历史古迹、我们的唐诗宋词、我们的孔子和老子，以及我们的四大发明带来的文明成果，这些都是我们这个国家不断积累财富的源泉。"

要学会思考

"唐老师让我们学会了一点，不仅要接受我们看得见的世界的知识，还要透过看得见的世界去思考这个世界的本质。为什么会是这样的，看不见的世界的财富和力量在哪里？

"带着这种思维方式，唐老师带我们去了那个小镇——像中国一样快速发展起来的小镇。"

小强眼中的小镇

"在小镇上，我们看到很多游客，张总以及当地很多人因此而快速地富起来了。镇里不仅有很多传统餐馆和茶馆，还有很多新式快餐店和饮品店。老百姓有了更多的选择，因为他们有钱了，他们也可以选择消费了，由于互联网和通信技术的发展，他们也可以了解到更多的信息，与外面的世界联系得越来越紧密，就像我们现在与世界联系得更紧密一样。

"小镇多了很多有形的财富标志，如鳞次栉比的房屋、琳琅满目的商品，这些是我们看得见的。老师让我们通过看得见的东西去思考看不见的，包括那只看不见的手。

"我想，这里之所以能快速富起来，也许是因为有了外来游客，有了更多的货币流入，有了更多的消费需求，当地老百姓赚钱致富的欲望也提高了，再加上市场那只手的推动，所以说他们很快地富裕起来了。"

记忆最深的是雪山

"让我好奇和关注的还有他们这个地方的旅游风景，给我留下了深刻的印象。草地、蓝天、雪山都很漂亮。我很羡慕这里的人，在这些景点中，最让我记忆深刻的是老

孩子眼中的小镇。

师们常聊到的当地的神山，就是我们说的雪山。据说，这是祝福和保佑当地人的神山，我想，这里最大的资产就是雪山。

"老师曾经讲过，在这个地方，贫穷和富有都一样单纯，我听不大懂。不过，我看到这儿的人精神面貌都很好，很有精气神儿。在城市，我看到很多人都显得劳累疲惫，特别是很多大人。听老师在座谈中提到，他们要改变观念，跟上时代变化，才能重新获得生命的灵气。城市最大的资产又在哪里？我要回去找。"

学到了最简单的金钱语言

"在唐老师的财商课上，我很高兴学到了很多词汇，学到了金钱爱讲的话语，还有金钱的性格和脾气。比如，我学会了理解价格，学会了识别广告，学会了储蓄，学会了什么叫收入和支出，还学会了做自己的零花钱规划，和父母约定怎么管理好自己的小账目，让自己有做计划的好习惯，还知道了要选择和追求自己的理想，为理想设定计划，包括购买计划和学习计划等。

"我想说,我还学会了最重要的两个词:资产和负债。我会让我的资产不断增加,负债不断减少。"

什么是最大资产

"老师也讲过,我们的头脑和我们的身体是我们最大的资产。

"我们现在不断学习,不断思考,不断问为什么,不断观察,不断提高我们对生活的兴趣和积极奋斗的吃苦精神,这就是我们的最大资产,而这个资产也在不断地增加。

"当然,那些拖拖拉拉、注意力不集中、撒谎、做事三心二意、懒惰、没有毅力、对生活没有兴趣的坏毛病都是负债,会影响我们的成长,会影响我们为这个世界创造财富的美好计划,会让我们的理想不能实现,甚至会让长大后的我们成为这个社会的负担,把我们变成无能的人。"

我们的头脑和我们的身体

是我们最大的资产。

知道了责任

"我们知道了责任,知道了要对前辈留下的财富感恩,并要继续创造财富,这是我们的责任。

"现在,我学习的动力增加了,但我的学习方式和交流方式却与老师有了冲突,我也不知道这个问题以后怎么解决。

"另外,我没做更多的试卷,没记更多的单词,这经常让妈妈不高兴。不知道她能不能有所转变,能不能跟我一起共同成长。"

一份海外华人谈中国应试教育的邮件

唐老师念完作文以后,把一份某位海外华人谈中国应试教育的邮件打印出来发给大家。邮件内容如下:

儿子正在读高二,学校考了一道历史题:成吉思汗的继承人窝阔台死于公元哪一年?窝阔台最远打到哪里?儿子答不出来,我帮他查找资料,所以到现在我都记得,是

知道了责任,

知道了要对前辈留下的财富感恩,

并要继续创造财富,

这是我们的责任。

打到现在的匈牙利附近。

一次偶然的机会,我发现美国学校有关世界史的这道题目不是这样考的。

美国的题目是这样的:如果成吉思汗的继承人窝阔台当初没有死,欧洲会发生什么变化?试从经济、政治、社会三个方面进行分析。

有个学生是这样回答的:

这位蒙古领导人如果当初没有死,那么可怕的黑死病就不会被带到欧洲去,后来才知道那种病是老鼠身上的跳蚤引起的鼠疫。但是六百多年前,黑死病在欧洲猖獗的时候,谁晓得这个叫作鼠疫。

如果没有黑死病,神父跟修女就不会死亡。神父跟修女如果没有死亡,人们就不会怀疑上帝的存在。如果没有人怀疑上帝的存在,就不会有意大利佛罗伦萨的文艺复兴。

如果没有文艺复兴,南欧就不会强大,西班牙无敌舰队就不可能建立。如果西班牙、意大利不够强大,盎格鲁-撒克逊会提早两百年强大,日耳曼会控制中欧,奥匈帝国就不可能存在。

教师一看,说:"棒,分析得好。"但他们不打分数,只给等级A。其实这种题目是没有标准答案的,要求学生主动思考。

想法太理想了

有学生家长问道:"如果说学习财商不能对孩子的考试成绩有帮助,那孩子学它有什么用?孩子考不好,影响他们上中学,影响他们上大学。我看你们还是太理想了,不切合实际。我们都知道应试考试很难,孩子压力大,这是我们谁也改变不了的,我们不得不给孩子补课,以此来提高成绩。"

唐老师回答:"的确,学习财商不能马上帮孩子提高数学、语文、英语成绩,不能改变学习上的坏毛病,或者老师和家长认为是坏的'毛病'(但也许这正是孩子最大的资产和天赋,被家长和老师误认为是坏毛病)。"

一个悲惨的故事

"前不久,我的一个朋友讲述了他身边的故事。

"他的司机的小孩在上初中。有一次,这对司机夫妇在家批评了他们的女儿,指责女儿两次考试都犯了不该犯的相同错误,试卷做了两次还没有达到他们期望的高分。这对夫妇把女儿锁在房间里反思,就出去散步了。散步回来,楼下围了很多人,俩人一看,是女儿跳楼自杀了。女儿的遗书上是这样写的:你们总跟我说考试成绩,总让我不高兴,我现在没有别的路了,我现在也只能让你们不高兴一辈子,让你们伤心一辈子。

"这种悲剧还在继续上演着。孩子们的学业压力已不是一个人的事情,而是全社会的难题了。那些家长和教育者对此还没有反省吗?"

应试教育的好处

另外有家长问:"现在的应试教育不是一样在培养优秀人才吗?在千军万马中拼杀出的孩子能力会更强,在记忆力、自控力上表现得也会更加优秀。而且,现在的用人单位还在对学生进行学历筛选。我们都想走这条路。"

考试变了

唐老师回答道:"我承认严格的应试考试,像古时候,的确是为国家挑选治国人才。现在的应试考试也是在给著名大学寻找优秀学生,给知名企业寻找合适人才。今天的时代与古代相距甚远,但我们的教育还在进行这种标准答案式考试规则,并剥夺了孩子的创造力。在互联网时代、全球化时代的今天,我们靠这种能力显然已不能在社会竞争中取胜。所以,问这个问题的家长应该反思一下,我们的孩子生活在快速变化的未来时代,他们的竞争力和幸福感要靠什么?"

还有家长说:"我真的觉得让孩子学习财商这条路可能还是太理想、太不现实,不能解决加分的问题,而且还是一个大人们都很无可奈何的赚钱的话题。"

是赚钱的教育吗?

唐老师回答道:"很多人认为,财商教育是培养孩子为金钱工作的教育,实际上我们的教育目的就是让大家不为钱工作，要为事业去奋斗。要告诉大家，我们的城市和国家的财富都是由有事业、有理想的人创造出来的。在这个时代，我们的生活方式、追求成功的路径都离不开金钱。

"众所周知，现在到了一个金钱不眠的时代，金钱文化已经影响到了我们生活的方方面面。尽管有些家长刻意要为孩子营造一个封闭、'干净'的学习空间，但最后往往事与愿违。既然现实无法改变，那我们就要正视它，设法给孩子正确的观念和知识，至少引导孩子去思考这个问题。

"再则，学语文是因为孩子们要与文字打交道，学数学是因为孩子们要与数字打交道，学财商是因为孩子们要与钱打交道。学语文不是为了成为作家，学数学也不是为了成为数学家，学财商也不一定就能成为富人。学习，是为了掌握一种技能，获得一种能力。

"所以，我们要用好金钱和货币这个工具和'伴侣'，让我们的社会和生活变得更好。我们的财商教育非常务实，是解决孩子生存、竞争、幸福的路径之一，是陪伴他们一生的、最重要的一种生活技能。解决好这种关系,孩子的生活问题就解决了一半。"

有的学生家长开始低头沉思,也有刚开始打瞌睡的家长把眼睛睁开了,并且若有所思地想着什么。

有家长问:"唐老师,大人为了生计、为了赚钱,已经很辛苦了,甚至让自己的生命都黯淡了,为什么要让孩子过早地陷进这条无法摆脱的金钱路,而失去很多愉悦、自由的时光呢?"

"无法摆脱,很辛苦……那你是否思考过为什么会这样?是什么造成的呢?"唐老师问道。

唐老师继续说:"正是因为你缺少财商训练,特别是年轻时缺少财商训练,没有激活你本有的财商智慧,才使你今天的经济状况、生活状况变得困窘。难道你希望自己的孩子走同样的路吗?今天财商教育的缺失,也许会导致孩子成年后在生活上有诸多烦恼与痛苦,会剥夺他(她)的创富权利。

"你说这是一条无法摆脱的路,很辛苦。这就说明与钱打交道对你来说是一件多么糟糕的事。看来你的财商观念真有问题了,财商包括观念、知识、行为三部分,观念错了,你将终生在挣钱的黑暗之路上奔波,自然是风险不断,疲惫不堪,成了财富的睁眼瞎呵。"

金钱交易行为像空气一样充溢着我们的生活

"有位师父告诉我,时代变了,金钱像空气那样充溢着我们的生活。我们活着,就必须与钱打交道,既不自大地做它的主人,也不自卑地做它的奴隶,而应与它和谐、自由共处,让它陪着你好好地生活,幸福地生活。

"找到最适合你的一种理财方式,甚至是艺术的理财方式,与它打交道就是我们财商教育的目的之一。它能培养你认识生活、认识世界、认识自己、感受幸福的能力、习惯和想象力,甚至是拥抱生活的激情。而且,越早培养成本越低,越有效。

"只要观念转过来了,你就会发现,培养财商思维与学唐诗、学绘画、学钢琴等教育没有太大差别。财商教育也可以让孩子艺术地管理财富、管理人生,培养自己的品位。

"关键是:荆棘丛中下脚易,月光下面转身难。跟风容易，教育观念转变就难了。"

有家长接着问："你说到财商教育是孩子未来生活最重要的保障之一。那你描述一下你的教育理念是什么？"

教育的根本

唐老师回答道："教育这个词来自古希腊语，原意是'引导'。严格说，世界上的每棵树都不一样，每个孩子也不一样。教育的根本使命是要去发现每个孩子独特的天赋，并引导他们、培养他们，让他们成为骄傲的、独一无二的人，享受独一无二的人生和幸福。

"时代变了，金融、科技发达了，财富的定义和表现形式也大大丰富了。每个人都有可能找到最适合自己的与钱打交道的方式，或者说赚钱的方式。

"我认为，我们的孩子应该这样生活：他们很小就开始观察这个世界，经常问为什么；他们对看得见的和看不见的世界都充满了好奇；他们时而孤独沉思，时而热闹嬉戏；他们不满足各种新科技带来的生活体验；他们有永无止境的想象力和创造力；他们偶尔搞个恶作剧，偶尔撒个

教育的根本使命是

要去发现每个孩子

　独特的天赋。

小谎、犯个错；他们把学习变成探究未知的手段和寻找答案的途径。

"因为，没有想象力的民族终将会衰落的。

"未来的财富将更多地由深刻的、能触及灵魂的体验所创造，体验越持久就越有价值，因为这就是生命。

"现代科技和金融正在快速地向各种财富逼近，那时候，想象力、创新能力将是多么重要，这也是财商教育要提前告诉大家的关键点。

"发现孩子的天赋，激活孩子的财商，是每个家长的义务，也是家长的权利，这个过程是幸福的。"

英语学习是中国家长们极不划算的投入，投入产出比较低

唐老师又讲道："在与家长们的交谈中我们发现，家长们还是普遍认同金钱教育对孩子的重要性的。既然认识到这一点，那我们就得有行动。孩子的黄金教育期稍纵即逝，我们一定要当机立断。忙碌的市场和金钱世界虽没让每个人都成为有钱人，但把我们大部分人都教育成了经济

未来的财富将更多地由深刻的、

能触及灵魂的体验所创造，

体验越持久就越有价值，

因为这就是生命。

人。经济人就是理性人,是会考虑选择成本的。

"比如,我就反对现在大人们花太多钱和太多时间让孩子去学英语,这是最大的成本浪费。发达的科技会帮我们更便捷地实现与外国人的交流,而且全球化的趋势也将把这件事变得更容易。我认为中国人在英语学习中投入的时间和精力过大。"

新互联网时代将全面到来,转变你的观念吧

"另外,我还想与大家说,一个新互联网时代已全面到来。科技、金融、市场正在加速这一切,我们的生活方式还会继续发生深刻的变化,包括时空、工作、衣食住行、货币、财富、事业等方面的变化,也包括我们的思想、信念、人生价值观等一些终极问题的改变。

"就像著名作家斯宾赛·约翰逊所说,'唯一不变的是变化本身'。只有我们转变了观念,跟上了变化,才能做自己的主人,甚至做时代的主人。谁的观念转变得及时,谁将决胜新的时代。我们对孩子的教育也一样。

"随着时代的发展,电子科技产品不断推陈出新,相

信还有更多科技成果已在试验阶段了。我们真的要跟上时代，特别是生活在未来的孩子。

"我曾经讲过，孩子的思维能力、创新能力，以及对世界的好奇心和探究欲将是他们获得幸福的核心动力。"

有家长问道："孩子取得什么样的成绩就算好呢？"

唐老师回答说："中等即可。只要你判断自己的孩子仍对学习、生活保持高度兴趣，同时又有自信心，在班上不会因成绩差导致心里委屈或自暴自弃就可。究竟考多少分合适，家长最了解，正如古人说的'如人饮水，冷暖自知'。一个热爱生活、有理想、积极进取的孩子应拿出什么样的成绩单、什么样的学习状态，家长最清楚了，因为你们最爱你们的孩子。"

清醒认识标准答案式教育

"还有一点，作为一名家长，我的体会是，现有的应试教育制度让我们摆脱不了标准答案式教育。国家是公民教育，学校是排名教育，家长千万不能把自己也圈进去了，一味和别人家的孩子或和自己以前的成绩搞攀

孩子的思维能力、

创新能力，

以及对世界的好奇心和探究欲

将是他们获得幸福的

核心动力。

比。一旦孩子的创新能力和生活热情被彻底毁了,这将是终生遗憾。

"做人父母机会难得,转变观念吧,做自己孩子教育的主人,充分享受父母教育的快乐,虽有酸甜苦辣,但也是天伦之乐啊,同时也能给孩子一个深刻、快乐、充满价值的童年!"

大家沉默了一阵,会场响起了一片热烈的掌声。

给孩子一个深刻、

快乐、充满价值的

童年。

后 记

一场刚开始的讨论

唐老师的教育试验慢慢地有了些社会影响，一场关于教育的讨论才刚刚开始。参与者包括老师、家长、政府官员，还有一些企业家和金融界人士，以及部分媒体从业人员。

青少年财商教育，在此暂且称之为一个教育试验品，其鲜明的特征触及了当代社会最敏感的话题，涉及家长们沉淀已久的对教育的纠结心情，涉及应试教育体制、教育改革、教育方法和教育内容的突破、教育资源的配置、教育观念的转变等多项教育领域问题，当然也涉及金钱。

四十多年来的巨大变化已经把金钱问题推到了中国人的神经末梢。不管你愿意还是不愿意，很多富人、成功人士、金融界的精英也卷入了这场讨论，这既关系到他们自己的价值观和人生体验，也关系到他们孩子的未来。

我们对金钱（流动性货币）的依赖已上升到了一个新的阶段，人们的选择与决定、社会的管理与运转、生活的维系与提高都与这个无处不在的媒介息息相关，此外，还加上了全球化市场和科技的助推作用。

人类是要继续用自己的智慧来调节变化的节奏，以此来驾驭人类自己创造出的已有些招架不住的文明成果呢（包括物质文明创新、生活方式创新、制度创新等），还是到了该重新构建人类文化的时候呢？

总之，还得变化，不管主动还是被动。

特别是对生活在未来的孩子，对他们的教育、对他们的价值观与世界观的构建就成了一个关系到千千万万家庭的民生工程，因为中国历来重视下一代的成长。

本书的讨论也涉及了经济学的基本原理，以及"财富失业""考试拐杖论"等新概念。

虽然有很多家长拒绝讨论这些话题，继续走他们认为务实的老路，认为一切讨论都没用，我们已经活得很累了，该干吗还干吗。但令人欣慰的是，突破还是有的，好消息也还是有的，中小学财商教育开始在一些省市的部分学校试点，并得到了很多老师和家长的认同，学生们对这种非标准答案式的教育也很喜欢。

教育的讨论还将继续下去，也会有更多的人参与进来，这就是好事。

真理越辩越明，方法也就越来越清晰了。

最后，感谢读者的耐心阅读，也希望您真心参与，并祝愿中国的教育越办越好。

图书在版编目（CIP）数据

汤老师的财商教育 / 汤小明著. -- 成都：四川人民出版社, 2024.6
ISBN 978-7-220-13560-6

Ⅰ. ①汤… Ⅱ. ①汤… Ⅲ. ①财务管理–通俗读物 Ⅳ. ①F275-49

中国国家版本馆CIP数据核字(2024)第070505号

TANG LAOSHI DE CAI SHANG JIAO YU
汤老师的财商教育

汤小明

责任编辑	王其进　程　川
特约编辑	张　芹
封面设计	朱　红
版式设计	邵海波
责任印制	祝　健
出版发行	四川人民出版社（成都市三色路238号）
网　　址	http://www.scpph.com
E-mail	scrmcbs@sina.com
新浪微博	@ 四川人民出版社
微信公众号	四川人民出版社
发行部业务电话	(028) 86361653　86361656
防盗版举报电话	(028) 86361653
照　　排	北京乐阅文化有限责任公司
印　　刷	三河市中晟雅豪印务有限公司
成品尺寸	140mm×203mm
印　　张	7.25
字　　数	110 千
版　　次	2024 年 6 月第 1 版
印　　次	2024 年 6 月第 1 次印刷
书　　号	ISBN 978-7-220-13560-6
定　　价	58.00 元

■版权所有·侵权必究

本书若出现印装质量问题，请与我社发行部联系调换
电话：(028) 86361656